LA 夜 NUIT

納粹集中營回憶錄

Elie Wiesel

諾貝爾和平獎得主　埃利·維瑟爾

LA NUIT

導讀　人性的永夜

南方朔

一九八六年諾貝爾和平獎得主、猶太意第緒語作家埃利・維瑟爾所寫的這本《夜》，是他畢生六十餘著作的第一本。它最早出版於一九五八年，距今已超過半世紀。但儘管隔了那麼久遠的時空，今日讀來，仍能感受到那種漆黑如夜、冷冷的恐怖。

對於這樣的一本小書，我們在讀的時候，不要想，也不要哭，就讓自己無感覺的讀下去，最後一定會被書裡散發出來的寒意所包圍，靈魂也會被深深感動，原來人性的黑暗與殘酷，可以一至於斯。但也只有在這種人不如蟲豸的極限環境，或許我們才可以去重新定義生命。

有關納粹屠殺六百萬猶太人的「大屠殺」（Holocaust）的著作早已車載斗量，例如自傳性的紀實著作像安妮・法蘭克（Anne Frank）的《安妮的日記》，義大利猶太作家普利摩・李維（Primo Levi）的回憶錄《如果這是一個人》，或者文學創作如一九六六年諾貝爾文學獎得主、瑞典猶太女詩人薩克絲（Nelly Sachs）以及法國猶太詩人策蘭（Paul Celan），這些都已讓人耳熟能詳。但與上述那些著作相比，維瑟爾的《夜》所描述的可怕情況，可以說更爲過之。因爲他所經歷的，乃是納粹屠殺猶太人過程裡最瘋狂恐怖的那一段。這種獨特的經歷，遂使得《夜》在與其他著作相比時，顯得格外的不同。

我們都知道，一九三三年一月三十日希特勒出任德國總理，緊接著到了一九三四年八月三日，他又在興登堡總統逝世後兼任總統，於是，一個全權在握的專制領袖正式誕生，有系統有步驟的對猶太人之迫害遂告正式展開。他由褫奪猶太人的公民權和身分權開始，隨著第二次世界大戰的展開，進一步將迫害具體化。希特勒從一九三三年起，就在蓋世太保首腦海德利希（Reinhard Heydrich）協助下，陸續在全歐各地設置集中營。這也就是說，早在一九四二年一月二十日所謂的「汪湖會議」（Grossen Wannsee Konferenz）正式提出消滅猶太人的「最後解決方案」前，大規模的集體屠殺早就開始了。整個「大屠殺」最先是在靠近蘇聯的所謂「東線」開始，而後再向德國本土及「西線」擴延。在「最後解決方案」這個名詞出現前，單單在「東線」即已屠殺猶太人一至二百萬人。而有了「最後解決方案」後，當然消滅猶太人的工作格外加速。及至一九四二年夏天海德利希在從捷克返回柏林的途中，遭到捷克愛國者伏擊重傷，一星期後死亡，屠殺工作由希姆萊（Heinrich Himmler）接替，於是又有了更嚴厲的所謂「海德利希計畫」，屠殺工作更爲加速。尤其是一九四二年秋，德軍開始一連串失利，包括在阿拉曼戰役中敗於英軍，美軍登陸北非，蘇聯在列寧格勒戰役裡俘虜了德軍好幾師，一九四四年一月的第一個星期，蘇聯紅軍已打進了波蘭，這一連串發展，都使得希特勒警覺到戰爭可能失敗，消滅猶太人的工作必須加快腳步。

於是，維瑟爾他們一家人的不幸，就在這樣的局勢變化下開始到來。

維瑟爾乃是外西凡尼亞（Transylvanie）的錫蓋特（Sighet）人。外西凡尼亞這個地區原屬奧匈帝國，第一次世界大戰由於奧匈帝國瓦解，改歸羅馬尼亞。到了二次大戰，它又被切爲二，有五分之三仍歸羅馬尼亞，另外五分之二則歸匈牙利。維瑟爾即屬於匈牙利這一邊。當時匈牙利領袖爲霍希上將，他有極強的民族主義立場，對於自己治下的十五萬猶太人，始終拒絕交給納粹消滅，因而維瑟爾家鄉的猶太人在那個其他國家的猶太人都大量被屠殺的時刻，還能偏安一角。由《夜》這本書一開始的敘述，我們可以看出他們那種苟存下的幸福。

然而，希特勒對霍希上將拒絕合作的不滿，終於在一九四四年三月爆發。於是德軍開進了匈牙利，罷黜霍希上將，另立傀儡政府。外西凡尼亞地區十五萬猶太人的惡運即告到來。他們在一九四四年四月初剛過完復活節即被納粹接管，而後送往設於波蘭、最惡名昭彰的奧許維茲—波克瑙集中營。他的母親和妹妹就死在這裡，他的兩個姊姊倖存，而他和父親最後又因為俄軍快要來到，被運到另一個同樣惡名昭彰、設在德國威瑪附近的布肯瓦德集中營。一九四五年一月二十八日他的父親命喪於此，兩個多月以後，即四月十三日，布肯瓦德集中營被美軍解放，維瑟爾終於得救。

因此，當我們了解了這樣的時代背景後來讀或重讀這本著作，即可知道維瑟爾的集中營經驗雖然只有將近一年，但這段經驗卻至為獨特！

第一，他所遇到的，乃是納粹失敗前最後的瘋狂，他們也是納粹要毀滅的最後一批人。因而在集中營以及轉運的過程裡，一切的野蠻殘暴也更加的赤裸和更加令人毛骨悚然。

第二，自從蓋世太保頭目海德利希死後，接棒的希姆萊即決定將匈牙利、波蘭、捷克、奧地利等國的猶太人送往殺人效率最高的奧許維茲－波克瑙集中營，以及布肯瓦德集中營處理。奧許維茲－波克瑙集中營建於一九四〇年，它原來要規劃成石油化學基地，而後變成殺人工廠；布肯瓦德集中營建於一九三七年，乃是殺人醫學研究中心。它們從一九四三年起都在納粹工程師卡姆勒少將（Heinz Kammler）規劃下，更有效率的殺人燒人。維瑟爾從家鄉一路輾轉歷經這兩個最可怕的集中營，最後還能苟存性命，這必然意謂著他看過、經過的慘絕人寰，的確少有人能與其相比。

因此，《夜》可以說是所有「大屠殺」倖存者所寫的著作裡最慘的一部。「大屠殺」的殘酷由於超過了人類的經驗，因而面對這樣的問題，我們的語言文字都已不再夠用，任何倖存者的回憶，無論寫得多麼具體，都會留下可能超過正文的「無語問蒼天」的可怕空白，而正是這種空白，才更讓人覺得恐怖。波蘭猶太詩人戈比爾蒂格（Mordechai Gebirtig）曾如此寫過他們那時的恐懼，但仍不足以道其萬一：

我們無法入眠，張著耳朵傾聽

恐怖的思緒滑過心頭
今夜我們之中的某人將是什麼命運？
誰會是明天將死去的人？
我們不敢入眠的瑟縮著
在這個門窗嘎嘎作響的時刻。
我們的心會忽然涼成一團
當飢餓的老鼠窸窣著穿過地面！

在《夜》裡，維瑟爾寫盡了他們的恐懼與被凌虐。他們有如蟲豸般被踩死，在那樣的時刻，人們只剩下詛咒上帝，而人性則在極限環境下蒸發，回到了野蠻狀態。人被逼著必須奔跑，否則就是死亡，一群人就居然能在大雪中跑了幾天幾夜。人犯了什麼錯，要去生受這比蛆蟲還不如的折磨？當人活得有如骷髏，人性和親情又將如何安身？

我不帶一點感情的讀著這本書，讀著讀著，在酷熱的夏季，心裡卻愈來愈寒冷如永夜。人類對同爲人類的鄰居，眞的會做出這樣的事嗎？直到今天全世界都還有人拒絕相信「大屠殺」，這些人不是支持納粹，而是他們眞的不敢相信，不敢面對人的邪惡可以達到如此程度！

讀《夜》，除了那痛入骨髓的寒意外，對於外西凡尼亞的猶太人在一九四四年前偏安一角所產生的麻木以及苦中作樂下的樂觀，我也格外有痛感。近代德國最偉大的音樂指揮家奧圖．克倫培勒（Otto Klemperer）的堂兄維克多．克倫培勒（Victor Klemperer）因爲娶了正統德意志人而得以倖免於難，他後來在《第三帝國的語言》一書裡指出，由於納粹一開始的所想所說所爲都太可怕離譜，它反而在許多人的心裡產生一種荒誕的樂觀感，認爲「不會怎樣啦」（knif），「絕對不會怎樣啦」（kakfif）。因而許多人可逃卻未逃，最後在樂觀的幻想裡一步步走進了再也無法回頭的永夜。當我讀《夜》的第一章，寫他們一九四四年復活節結束前的愚騃樂觀時，眞想擲筆三歎！

我不帶一點感情的讀這本書，愈讀愈冷，最後潸然淚下，爲人性而哭，爲歷史而哭。看著人類過去曾犯下的可怕罪惡及所造成的可怕受苦，我們又怎能不更堅持我們抵抗邪惡的最後良心呢？

是爲序兼導讀！

代序

弗杭思瓦．莫里亞克[1]

經常有許多外國記者來探望我。我對他們心存警惕，既想與他們無話不談，又深怕因爲不了解對方看待法國的心態，而落人口實。在這樣的場合，我從不忘謹言愼行。

那天上午，這位年輕的猶太通訊記者爲《特拉維夫報》訪問我。我和他一見如故，拘謹不久後就轉入私人話題，最後，我提到德軍占領法國時期的回憶。通常感動我們最深的，並非我們直接參與的事物。我告訴他，在這段慘淡歲月裡，沒有任何景象比奧斯特里茲火車站上，滿載猶太兒童的車廂更刻骨銘心……我並未親眼目睹，是妻子滿懷恐懼地描述給我聽，當時我們仍對納粹大

1 編按：弗杭思瓦．莫里亞克（François Mauriac, 1885-1970），法國作家，一九五二年諾貝爾文學獎得主。他鼓勵維瑟爾將集中營的慘痛經驗寫成書，並多次親自走訪、書信往來與電話聯繫出版社，終於由「子夜出版社」（Les Éditions de Minuit）付梓，也就是此書《夜》。

屠殺一無所知。畢竟誰能想像得到！從母親懷裡奪走稚兒，這情景已經遠遠超出我們所能想像的範圍了。這一天，我相信是自己有生以來初次接觸世界上不明所以的不公平，這個新發現意味了一個時代的結束與另一個時代的開始。西方人於十八世紀編織了夢想，深信這個夢想在一七八九年破曉而出，經歷啓蒙運動和科學革命而愈形堅固，直至一九一四年八月二日。然而對我而言，這個夢想卻在擠滿幼童的火車前幻滅殆盡；而且，我萬萬也沒料到他們將成爲瓦斯房和焚化爐的燃料。

我自覺應該向這位記者透露如上內容。我歎息道：「我不斷想起這些孩子！」他告訴我：「我是其中一位。」他也是其中一位！他眼睜睜看著母親、可愛的妹妹和除了父親之外的多數家人消失在吞噬活人的焚化爐裡。至於他的父親，這位記者日復一日看著父親受盡折磨、病危終至死亡；何等的死亡！當時的情況就描述在這本書裡，我留待讀者——應該與《安妮的日記》的讀者群一樣眾多——自行發掘其中細節，還有小男孩如何奇蹟式歷劫歸來。

我想肯定的是，看過其他眾多的指證、可怖的罪行之後，此書的見證仍顯得與眾不同。這些外西凡尼亞錫蓋特市的猶太人原本有時間逃脫厄運，卻只能盲目以對，並以令人無法想像的消極態度任其宰割，對於歷劫歸來的證人的警告與懇求充耳不聞；這名證人舉證歷歷，卻無人採信，甚至被視為瘋子——光以上這些就足以構成無與倫比的傑作。

然而吸引我的另有他處。書中擔任敘事的小男孩實為上帝的選民，打從意識覺醒開始，他只為上帝而活，鑽研《猶太法典》（Talmud），意欲探索神祕主義卡巴拉，並且相信永恆的存在。我們從未好好思量以下這件較不被注意的惡行的後果，而且對於擁有信仰的我們而言，最痛心的也莫過於此：在倏然發現邪惡之最的小男孩的靈魂裡，上帝已死。

試著想像他如何經歷這一切。他看著從焚化爐冒出的一圈圈黑煙逐漸消散，在那裡，他的小妹與母親跟隨成千上萬人的步履撲向死亡：「我永遠也忘不了這個夜晚；集中營的初夜讓我的一生變成漫漫長夜，並且重重鎖上，我永遠也忘不了這些煙霧，我永遠也忘不了那些小孩的臉龐，他們的身體在靜謐的藍空下變成一縷輕煙，我永遠也忘不了這些火燄，它將一輩子蠶食我的信仰，我永遠也忘不了那些寂寥的夜晚，它們讓我永久喪失生存的欲念，我永遠也忘不了這些瞬間，它們扼殺我的上帝和我的靈魂，讓我的夢想化成荒漠。我永遠也忘不了這些，即使我注定活得跟上帝一樣蒼老，我永遠也忘不了。」

我終於知道這位猶太年輕人吸引我注意的第一眼是什麼：他像死而復活的拉撒路[2]，卻被迫在陰暗的斷崖邊不停流浪，匍匐在飽受褻瀆的死屍裡。尼采的吶喊「上帝已死」幾乎具體表現在他的身上。在這個男孩的眼裡，至愛的上帝，溫柔與慈悲的上帝，亞伯拉罕、以撒、雅各的上帝，早在崇拜純種血統——所有偶像崇拜裡最貪婪者——的祭典裡消失無蹤。有多少謙恭卑微的猶太人因而喪生？在比無數恐怖日子更恐怖的那一天，這個男孩看著營裡另一名孩子被處絞刑（沒錯！）：一位有張悲傷天使臉孔的孩子。他聽到背後有人呻吟著：

「上帝在哪兒？祂在哪裡？上帝到底在哪兒？」

我內心發出聲響：「祂在哪兒？祂就在這裡，吊在這個絞架上。」

在猶太年的最後一天，男孩參加新年的盛大彌撒，成千上萬的囚奴吶喊著：「聖哉上帝之名！」不久以前，他也曾卑躬屈膝、畢恭畢敬、滿懷熱情，不過如今，他起而反抗；一個受盡超越心靈所能想像的屈辱的生命體，質問又盲又聾的聖靈：「現在，我不再苦苦哀求，我失去呻吟的能力，但變得更加堅強。我雙目圓睜，踽踽獨行，我要控訴上帝；我在這個世上極度孤獨，既無上帝亦無同類，缺愛也乏憐，除了灰燼之外什麼也不是，不過卻比我曾經長久相繫的萬能上帝更加強大。今天的彌撒典禮上，我只是冷漠的旁觀者。」

而相信「上帝就是愛」的我，該如何回答這位年輕人？他碧藍的明眸裡掩映著天使般的悲傷，而這股悲傷也曾出現在絞架上那位小男孩的臉上。我該跟他說些什麼？提起他的另一個猶太手足，那位容貌可能與他神似、用十字架征服全世界的受難者？我該告訴他，他眼中的絆腳石卻是我心中的基石？告訴他十字架與人類受難的關聯，這些或許能讓他找回迷失的信仰？錫安山在焚化爐和死人堆裡重新屹立，猶太國因為數百萬人的犧牲而復活，對此，我們並未流過一滴血、一行淚。一切都是上帝的恩澤。

如果上帝是上帝，仲裁普羅大眾是非者依然非祂莫屬。我本該這麼告訴猶太男孩，不過，我只能一邊流淚一邊親吻他。

2 譯注：拉撒路（Lazarus），聖經中的一個乞丐。

謹以此書紀念我的父母與我的小妹茨波哈——E.W.

LA NUIT

就好像他從未有過姓氏一樣，大家都叫他「教堂執事莫舍」，他在哈西迪[1]當雜役。即使他過著窮困潦倒的生活，我的童年城鎮外西凡尼亞的錫蓋特的猶太人都很喜歡他。一般說來，城裡的居民雖會援助窮人，但並不喜歡他們，「教堂執事莫舍」則是例外，他的存在不打擾他人，他擁有讓自己變得透明、微不足道的本領。

就外型而言，他帶著小丑般的笨拙，加上孤兒似的羞怯個性，引人會心一笑。我喜歡他恍惚的眼神，老是到遠方漫遊。他話不多，但愛唱歌，應該說隨意哼唱。從他斷斷續續的哼唱裡，我們約略聽到聖靈的苦難、上天的流亡，按照卡巴拉[2]的說法，這些都是爲了等待人類的解脫。

我在一九四一年末認識他。當時我快十三歲，極其虔誠，白天研習《猶太法典》，夜晚跑到猶太教堂，爲聖殿的摧毀而哭泣。

有一天我請父親爲我找一名卡巴拉哲學老師。

「你還太小，不能學習卡巴拉。邁蒙尼德教士[3]也說，必須等到而立之年才能到危險神祕的世界裡冒險犯難。你必須先從你可以理解的基本科目學起。」

我的父親是個飽讀詩書、不會感情用事的人，即使對家人，他也鮮少流露感情，照顧他人遠勝於照顧家人。錫蓋特的猶太社區都很尊敬他，不管因公因私，大家都來聽取他的意見。我們家共有四個小孩，長女依妲、次女貝亞，我排行第三也是獨生子，另外還有么女茨波哈。

我的父母經營一家小商店，依妲和貝亞也在店裡幫忙，他們說，我在家裡的本分是念書。

「錫蓋特沒有卡巴拉專家。」父親總是這麼說。

他想要我打消念頭卻枉然。我自己找到老師：「教堂執事莫舍」。有天他看到我在黃昏時祈禱。

「爲什麼你祈禱時會哭？」他問我，好像認識我很久一樣。

「我也不知道。」我回答，同時感到不太自在。

我從未思考過這種問題，我哭是因爲……因爲我內在的某種東西需要哭泣，除此之外我也不知道怎麼回事。

1 譯注：哈西迪（Hasidic），十八世紀創於波蘭的猶太教派。
2 編按：卡巴拉（Kabbalah），猶太教學說，此字原意爲「傳統」。最初靠口頭傳述，具有神祕性質。
3 譯注：邁蒙尼德（Maimonide），十二世紀的猶太神學家與哲學家。

「你為什麼祈禱？」過了一會兒後他又問道。

我為什麼祈禱？好奇怪的問題。我為什麼活著？我為什麼呼吸？

「我也不知道。」我告訴他，覺得更加忐忑不安。我不知道。

打從那天起，我經常看到他。他以堅決的口吻跟我說，每個問題都含有答案所未包含的力量……

「人類經由向上帝提出問題而走向上帝。」他喜歡重複這句話，「眞正的對話在此，人類提出疑問，上帝回答，只不過我們無法了解祂的答案，因為這些答案都出自我們靈魂的深處，而且一直到死都還待在那裡。埃利澤，眞正的答案，你只能從自己找到它。」

「莫舍，你為什麼祈禱？」我問他。「我向心中的上帝祈禱，祈求祂賜予我力量，向祂提出眞正的問題。」我們每天晚上如是對話，其他信徒都離開了，我們仍待在教堂，坐在搖搖晃晃的昏暗燭光裡。

一天晚上，我告訴他我很難過，因為無法找到老師教我《左哈》（Zohar），猶太神祕主義「卡巴拉」的經典文獻。他露出體貼的微笑，沉默良久後，他說：

「有一千零一條路可以通向神祕知識的果園，人各有其道，重要的是別搞錯，如果假借他人之路進入果園，不僅這個想進入果園的人有危險，對已經在果園裡的人也很危險。」

錫蓋特可憐的流浪漢「教堂執事莫舍」花了數個鐘頭跟我談卡巴拉的意義與神祕不可解，他啓發我的探索之旅。我們一起研讀《左哈》的其中一頁不下數十回，並非爲了背誦下來，而只想觸及神聖的基本意義。

在這些漫長的夜裡，我深深相信「教堂執事莫舍」帶我引向永恆，在那兒，問題與答案已經合而爲一。

接下來的某一天，錫蓋特開始驅逐境內的外國猶太人，而「教堂執事莫舍」是外國人。

匈牙利警察將這些外國猶太人關在專門運送牲畜的火車裡，讓他們像沙丁魚擠成一團，他們悶聲哭泣，而站在月台上的我們也哭成一片。火車消失在地平線，只留下濃密的黑煙。

一名猶太人在我的身後嘆息道：「你能怎麼辦？這就是戰爭啊……」

這些遭受流放的猶太人很快就被人遺忘。在他們離開數天之後，有人說他們被送到加里西，他們在那裡工作，甚至很滿意這樣的安排。數天、數週、數月過去了，生活恢復了正常，安平的徐風吹拂著每戶人家，商家樂業，弟子勤學，孩童則在街上嬉戲。

有一天，當我正想走進教堂時，瞥見「教堂執事莫舍」坐在門邊的椅子上。

他告訴我同伴和他的遭遇。載著流放者的火車越過匈牙利邊界，到達波蘭境內後，都由蓋世太保接管。火車停頓下來，猶太人下了車並改搭卡車，繼續往森林出發，然後被強令下車挖掘巨大的坑洞。挖完後，蓋世太保開始執行任務，不亢不急地射擊囚犯。每個囚犯都得走近坑洞，伸出脖子就戮，嬰兒則被拋到空中，成爲掃射的標靶。這座森林距離柯羅瑪耶不遠，大家稱之爲加里西森林。「教堂執事莫舍」如何能夠逃過一劫？全拜奇蹟之賜。他們以爲他已經撒手歸天，其實他只傷到大腿。

日復一日，他挨家挨戶跟大家描述自己的事，還有少女瑪卡病危三天三夜，以及裁縫師托比如何苦苦哀求讓自己比兒子先受刑。

莫舍變了。他的眼睛不再閃爍喜悅的光芒。他不再唱歌。他隻字不提上帝或卡巴拉，只重複說著親眼目睹的災難。但人們不僅拒絕相信，也不想聽。

「他希望我們同情他的遭遇，他的想像力眞是豐富……」

或是：

「可憐的傢伙，他瘋了。」

而他，卻哭訴著：

「猶太人，聽我說！這是我對你們所做的唯一請求，我不要錢也不要憐憫，我只要你們聽我說！」在黃昏和夜裡的祈禱課之間，他在教堂裡吶喊著。

連我也不相信。我常在晚課之後坐在他身邊，聽他說故事，試著了解他的悲傷。我不過同情他罷了。

「別人都以爲我瘋了。」他喃喃地說，眼淚像蠟液般滴垂下來。

有一回我問他：

「爲什麼你那麼想要我們相信你的話？我若是你的話，別人相信與否，我都無所謂。」

他閉上雙眼，似乎想擺脫現實。

「你不懂，」他絕望地說，「你無法了解，我奇蹟般被救回一命，是什麼力量支撐我回到這裡？我想回到錫蓋特告訴大家親身經歷的死亡，好讓你們在一切還來得及前做好準備。至於活命，我孑然一身在世，不在乎是否活著。我只想回來警告你們，但是，沒有人願意聽我的話……」

這是一九四二年末的事。

接下來，日子重新步入正軌，我們每晚收聽的倫敦廣播宣布振奮人心的消息：每日轟炸德國、史達林格勒之役、俄德戰線的準備。錫蓋特的猶太人期盼太平歲月的來臨。

我仍舊專心學業，白天鑽研《猶太法典》，晚上閱讀卡巴拉。父親忙於商店和社區事務。祖父和我們一起過年，參加波詩牧師主持的彌撒。母親則開始替依妲尋覓如意郎君。

一九四三年如焉過去。

一九四四年春天，俄軍前線傳來捷報，德國戰敗不過是遲早的事，也許再過幾個月甚至幾個禮拜。

樹上繁花點點，今年也如往年，一樣的春天、一樣的文定、一樣的婚禮以及一樣的出生。

人人都說：「俄軍正大步前進……希特勒無法如願傷害我們……」的確。我們甚至不相信他有消滅我們的決心。

難道他打算殲滅一整個種族？一個散居在好幾個國家的種族？好幾百萬人哪！該採取什麼方式？在堂堂二十世紀裡！

大家對任何事都感興趣，戰略、外交、政治、猶太復國主義，除了自己的命運以外。

連「教堂執事莫舍」也三緘其口，他早已疲於說話，不是在教堂裡遊蕩就是在街上閒晃，雙目低垂，彎腰駝背，避開路人的目光。

在這段時期裡，猶太人尚能購買前往巴勒斯坦的移民通行證，我曾請求父親變賣所有家產，一走了之。

「兒子，我太老了。」他回答我。「太老另起生活，太老遠赴異鄉重新出發……」

布達佩斯電台宣布法西斯黨得勝，攝政王霍希（Miklós Horthy）被迫邀請親納粹的尼拉斯黨（Nyilas）黨魁重組新政府。

這些都還不足以令我們感到憂慮。我們當然聽過法西斯黨，但對它還是懵懵懂懂，心想不過是內閣改組而已。

翌日，宣布眞正令人憂心的新聞：德軍在政府的允許下，長驅直入匈牙利境內。

憂慮開始到處竄升。家族友人貝可維茲從首府回來，告訴我們：

「布達佩斯的猶太人活在憂慮和恐懼裡。每天都發生反猶太事件，街上和火車上都有。法西斯分子攻擊猶太人開設的商店、猶太教堂，事態變得嚴重……」

這些消息在錫蓋特迅速傳播開來，大家都談論此事。但過不了多久，樂觀主義又敗部復活：

「德國佬不會跑到這裡。爲了策略、政治等種種因素，他們會待在布達佩斯……」

三天不到，德軍的車子已出現在街道上。

德軍以他們的鋼盔和他們的死人頭顱圖象，引起恐慌。不過，我們對德國人的第一個印象卻好極了。德國軍官紛紛進駐民宅，甚至落腳於猶太人家裡，他們對房主態度冷淡卻還溫文有禮，從不做過分的要求，也不曾惡言相向，有時還會給女主人親切的微笑。我家對面的大樓也住著一位德國軍官，他在卡恩家租下房間，大家都說他迷人、沉靜、溫和、有禮。他搬進來三天後，送給卡恩太太一盒巧克力。樂觀者興高采烈談論著：「啊呀，我們都怎麼說人家的？你們打死都不願相信哪，這些就是你們口中的德國人，你們說說看，他們赫赫有名的殘忍到哪兒去了？」

德國人已經住進城裡，法西斯黨已經掌權，罪名已經宣判，而猶太人依然笑容可掬。

接下來是復活節長達八天的節慶。

春暖花開，我的母親在廚房裡忙碌，所有猶太教堂都已關閉，我們只好在民宅裡聚會：千萬別惹德國佬生氣。幾乎每個猶太教士的公寓都成了彌撒會場。

我們吃喝、唱歌，聖經規定我們這八天都得盡情享樂，但是我們都缺乏心情。幾天下來，我們的心跳得特別劇烈，都期盼節慶盡快結束，不用繼續假裝。

復活節的第七天，布幕掀起：德軍逮捕猶太社區的領袖。

第一項命令：猶太人連續三天被禁止離開住家，否則處死。

自此以後，一切都加速進行，開始奔向死亡之旅。

「教堂執事莫舍」跑到家裡，對著父親大叫：

「我早就警告你們的……」他不等我們回答，一溜煙跑了。

當天，匈牙利警察闖入城裡每一戶猶太家庭：禁止猶太人私藏黃金、珠寶以及任何貴重物品，這些物品都得交給當地政府，不然處以死刑。我的父親走到地窖，埋了所有家當。

在房子裡，母親繼續忙進忙出，她偶爾放下工作注視我們，一言不發。

三天過去，又發布新的命令：猶太人必須繡上黃五星。

社區裡的重要人士都來拜訪父親，因爲父親跟匈牙利高階警察多所往來，想問他對局勢的看法。父親並不悲觀，也許他不想洩別人的氣，在他們的傷口撒下鹽巴。

「黃五星？那又怎樣，不會要人命……」

(可憐的父親，你死於什麼原因？)

接著又頒布新的法令。我們被禁止進入餐廳、咖啡廳，不得搭火車旅行、不得到猶太教堂，也不許於晚上六點後外出。

然後是猶太特區的設立。

錫蓋特成立了兩個猶太特區，大猶太特區位於市中心，包括四條大道，小猶太特區則涵蓋郊區數條小巷。我們居住的街道，大蛇街，位於大猶太特區，

因此我們得以繼續住在原本的房子裡。但它剛好位於角落，面向非猶太特區街道的窗戶都必須封死。我們把幾個房間讓給被迫離開寓所的親戚。

生活逐漸步上「常軌」，我們被有刺的鐵絲網重重包圍，卻不為此感到憂慮，我們甚至覺得過得不錯：這裡只有我們，儼然形成小型猶太共和國……我們成立猶太理事會、猶太警察隊、社會救助站、勞工委員會、衛生所等等，一如政府機構。

大家都對這種安排感到滿意，我們再也看不到充滿敵意的臉龐、盡是仇恨的眼神，我們不再憂慮、恐慌，因為我們舉目都是猶太人與手足。

當然，難免有些不愉快的時候。德國人每天徵召壯丁搬煤炭到軍用火車上，很少人願意做這類工作，不過除此之外，氣氛還算平靜，令人安心。

一般的看法是，直到大戰結束、蘇聯紅軍抵達之前，我們都將待在猶太特區，然後，一切又會回復往昔。統治猶太特區的並不是德國人也不是猶太人，而是幻覺。

聖靈降臨節[4]前的星期六，大家都沐浴在和煦的春日裡，散步於人潮洶湧的街道上，顯得無憂無慮。大人高聲暢談，孩童在人行道滾著榛果玩遊戲。我和幾位同學坐在瑪利克公園裡，研讀《猶太法典》。

到了晚上，家裡的庭院聚集二十餘人，我的父親說些趣聞，同時發表對局勢的看法。他是個說故事高手。

突然，庭院的大門打開，從商人變成警察的史坦走進庭院並把我的父親拉到一旁。儘管我們都處在黑暗裡，但是，我看到父親的臉色慘白。

「怎麼回事？」大家詢問我父親。

「我也不太清楚，他們要我參加理事大會，應該出了什麼事。」

他的精采故事只說到一半。

「我現在就去，」我的父親又說。「我盡早回來給你們消息，在這裡等我。」

我們準備等他，不管多久。這個庭院倏地變成手術房的等候室。我們在那裡等待，只為了看見大門再度打開，看見天空再度晴朗。聽到傳言的左鄰右舍

4 譯注：聖靈降臨節，是復活節之後的第七個星期天。

也紛紛來到，大家憂心看著錶，時間緩緩流逝。會議進行這麼久，代表了什麼意義？

「我有不好的預感，」母親說。「今天下午，我看到幾張新臉孔；兩名新來的德國軍官，好像是蓋世太保。自從這裡變成猶太特區，我還沒見過任何德國軍官……」

接近子夜，無人想上床睡覺。有些人只是回家探望一下，看是否無恙，有些人則決定先行回家，但希望父親一回來就通知他們。

大門終於打開，他走進庭院，一臉蒼白，大家圍著他：

「告訴我們發生了什麼事！說啊……」

在這一刻，我們急欲聽到安撫人心的話，只要一句話也好，告訴我們沒什麼好擔心，只不過是例行會議，都在探討福利、衛生等事務。不過，只需看著我父親頹喪的臉孔，就知道事態嚴重。

「新的惡耗，」他終於說話，然後吐出一個詞，「流放。」

得撤空猶太區，明天開始行動，一條街接著一條街撤走。

我們想知道所有的細節。我們被這個消息震驚住，但是也都準備接受更殘酷的事實。

「他們想把我們送到哪裡？」

那是祕密，除了猶太理事會會長之外沒人知道，但他不願也不能透露，蓋世太保威脅他，要是他敢洩露口風，就要把他槍決。

我父親用破碎的聲音告訴大家：

「有傳言說，我們將被送往匈牙利某處的磚廠工作，原因是，這裡太接近前線了……」

沉默一會兒後，他又說：「每個人只能攜帶基本日常用品，一個背包、一些食物、幾件衣服，就這樣。」

又一次沉悶的靜默。

「去，叫醒鄰居，」父親說，「叫他們做準備……」

我周圍的人影都起了身，彷彿從沉睡中甦醒，然後往四方靜靜離去。

我們家人獨處了一會兒。突然，和我們住在一起的親戚荷詩進來房間說：「有人敲打封死的窗戶，就是那扇面對非猶太特區的窗戶。」

一直要到大戰結束之後，我才知道敲打窗戶的是誰。那是父親的一位在匈牙利警局的探員朋友，他在我們住進猶太特區前曾告訴我們：「放心，萬一有危險，我會馬上通知你們。」如果當晚他能和我們接上線，我們還有機會逃走……不過，當我們好不容易打通窗戶時，外面已經沒有人了。

猶太特區清醒過來，一扇扇窗戶透出亮光。

我走進一位父親友人的房子，喚醒主人，一位滿臉灰鬍的老人，他兩眼迷濛，身子因爲無數的挑燈苦讀而彎腰駝背。

「起來，先生，起來！準備出發了，您和您的家人還有其他猶太人，明天就要被驅逐出門。到哪裡？別問我，先生，別問我問題，只有老天才能回答您。看在老天的份上，起來吧……」

他完全摸不著頭緒，以爲我胡言亂語。

在半睡半醒之間，他看著我，眼睛裡充滿恐懼，他似乎等著我大笑承認：「回去床上好好睡，繼續作美夢，沒事，這一切都是玩笑……」

我口乾舌燥，話語噎在喉嚨裡，雙唇痲木，我無法再多說。

他明白過來，開始走下床鋪，機械般穿好衣裳，然後走近妻子的床鋪，極其溫柔地觸摸她的額頭。她睜開雙眼，我似乎看到一抹微笑輕輕掠過她的嘴唇，接著他走向兩個小孩，用力搖醒他們，把他們從美夢裡拔出來。我趕緊離去。

時間飛逝，已是早晨四點，父親四處奔相走告，安撫友人，不顧精疲力盡再次拜訪猶太理事會，打聽撤走行動是否取消。直到最後一刻，他仍不放棄一絲希望。

婦女們忙著煎蛋、烤肉、做糕點以及準備行囊。孩童低著頭到處遊蕩，不曉得該待在哪裡才不會礙手礙腳。我們的庭院變成市集，髒亂的地上散落著貴重物品、高級地毯、銀製燭台、禱文典籍、聖經以及許多祭祀物，這些物品躺在蔚藍的天空下，變成不曾屬於任何人的可憐東西。

早晨八點，疲倦好像融化的鉛塊，開始在四肢、在腦袋裡的血管裡凝固起來。我正在禱告，忽然聽到有人尖叫，我立刻收起經匣，跑向窗邊，正好看見幾名匈牙利警察走進猶太特區，在隔壁的街道上咆叫：

「所有猶太人都出來！不許拖拖拉拉！」

然後是猶太警察走進家裡，聲音沙啞地說：

「是時候了……擱下一切吧……」

匈牙利警察任意揮撞槍托，有時還祭出警棍，沒有理由地東敲西打，老弱婦孺都難逃一劫。

房子逐一撤空，街道擠滿人和包袱。十點鐘，所有的罪犯都出列，警察開始點名，一次、兩次、二十次，天氣酷熱，大家都汗流浹背。

小孩哭著要喝水。水！近在咫尺的房子裡就有水，但是，我們都不許離開隊伍。

「我要喝水，媽媽，我好渴！」

有些猶太警察可以偷偷裝水。我和姊妹們因爲被安排搭乘最後一班列車，還能走動，於是盡力幫助別人。

到了下午一點，終於下達出發的命令。

一片欣喜，是的，欣喜。人們大概以爲在上帝的煉獄裡，沒有比坐在那裡更難熬的了，坐在地上、在包袱間、在大街上，烈日當頭，任何苦難都不及這些。人們開始前進，未朝遺棄的街道看一眼，不看熄了燈、空空蕩蕩的房子一眼，也未對花園、墓碑投一眼……每個人的背上，只有一個背包；每個人的眼裡，盡是磨難。人人熱淚盈眶，踩著沉重的步伐，整個隊伍往猶太特區出口移動。

我佇足在人行道上，注視著他們緩緩離去。我無法移動。我看到猶太教士，他駝著背，臉孔刮淨，背上掛著包袱，他的出現足以讓整個景象顯得不眞實。我好像看到從描寫巴比倫戰役或西班牙宗教審判的歷史小說裡撕下的一頁。

他們一個接著一個從我眼前經過，我的老師、朋友還有那些曾經讓我害怕、與我曾經笑鬧過、和我同甘共苦多年的人。他們失落地離開，拖著他們的行囊、拖著他們的生命，遺棄他們的家園與童年時光，像落水狗一樣蜷縮著。

他們從我眼前經過卻不看我一眼。他們一定很羨慕我。

隊伍消失在街角，再走幾步路，他們就會穿越隔離猶太特區的圍牆。

現在，整個街道看起來像是在慌亂中被遺棄的市集，可以在其中找到一切：行李、毛巾、背包、刀子、盤子、銀行匯票、文件、發黃的照片，任何一切差點帶走、卻在最後關頭割捨的東西。它們頓然失去價值。

房門敞開，但面對的只是空洞而已。留下的物品歸大家所有，卻不屬於任何人，只管取用就是，渾然像座大開的墳墓。

夏季裡的某個豔陽天。

我們一天都沒有進食，但並不覺得飢餓。我們太累了。

父親伴隨流放隊伍走到猶太特區出口。警察要隊伍停在猶太教堂，以仔細搜身，檢查是否有人攜帶黃金、白銀或其他貴重物。令人心驚膽跳的慘叫和警棍的敲打聲此起彼落。

「什麼時候輪到我們？」我問父親。

「後天，除非……除非事情產生變化，也許會出現奇蹟……」

我們會被送到哪裡？誰都不知道嗎？沒人知道，祕密保守得很好。

夜晚降臨，我們早早上床，父親說：

「安心睡覺，我的孩子們，我們後天才出發，也就是星期二。」

星期一像夏日裡的一朵小浮雲，像黎明前的美夢流過。

因爲忙於準備背包、烤麵包和餅乾，我們什麼都不想。事情已成定局。

當天晚上，母親要我們盡早睡覺，好儲存體力，她這麼說。這是我們在家的最後一夜。

黎明一到，我就起床。我想在被逐之前禱告。

父親在大家仍熟睡時去探消息。他大約在八點回來。好消息：今天我們還不出發，而是先搬到小猶太特區。我們要在那裡等候最後一班列車，我們是最後一批離去的人。

九點時，星期天的場景再度上演，手持警棍的警察喊著：「所有的猶太人都出來！」

我們已經準備好。我首先踏出家門。我不想看見父母的臉龐。我不想化成淚人。我們坐在街道上，跟前天的人一樣，一樣熾熱的陽光，一樣的口渴，不過，沒人能偷偷裝水給我們解渴了。

我注視著家，我在那裡花了好多年尋找上帝，爲了救世主能提前降臨，我進行齋戒，想像著我人生的面貌。但我並不悲傷，只是什麼都不想。

「起立！報數！」

起立，報完數，坐下，再起立，再坐下，無止無休。我們等得不耐煩，但是我們等待什麼？

命令終於下達：「向前進！」

父親哭了。這是我第一次看見他哭，我甚至從未想像過他會哭泣。而母親，她邁開步伐，滿臉凝重，若有所思，不發一言。我看著小妹茨波哈飄著一頭整齊有致的金髮，挽著紅色外套，一個七歲的女娃，背脊上掛著超過她能負荷的背包。她咬緊牙根，很清楚抱怨於事無補。警察揮舞警棍東敲西打：「快點！」我已經精疲力盡，旅程剛要開始，而我已感到虛弱無力……

「快點！快點！向前走，慢吞吞的懶鬼！」匈牙利警察咆哮著。

打從這一刻起，我開始憎恨他們，即使直到今天，我跟他們之間也只有怨恨。他們是第一群迫害我們的人，是代表煉獄和死亡的第一張臉孔。

他們強迫我們跑步，我們開始奔跑。誰會相信我們如此強壯？我們的同胞躲在窗台邊、遮窗板後，看著我們經過。我們終於抵達目的地。我們把背包丟到地上，跌坐在地：

「上帝，萬物之主啊，請憐憫我們……」

小猶太特區。三天前，這裡仍有人住，我們現在使用的東西仍有主人。他們都被逐出家園，並完全爲人遺忘。

小猶太特區零亂的景象仍勝大猶太特區一籌，當地居民應該是在毫無預警的情況下被趕出家門。我參觀了叔父曼得爾的房間，餐桌上放置著尚未喝完的湯，爐火旁有待烤的麵皮。地上散落著書本，叔父或許想帶走它們？

我們安頓下來（什麼字眼！），我負責尋找木頭，姊妹們升火。雖然疲憊，母親還是洗手作羹湯。

「必須撐下去，必須撐下去。」她重複說。

人們的士氣並不如想像中低迷：大家開始適應環境。街上盡是樂觀的念頭：德國人沒有時間驅逐我們，算那些已被流放的人倒楣，悲劇已經鑄成而且於事無補。德國人可能想讓我們留在這裡，繼續悲情小人物的生活，直到大戰結束。

無人看守小猶太特區，人人皆可自由進出。我們以前的女傭瑪麗亞也來探望我們，哭哭啼啼要我們隨她移居鄉下村子，她已爲我們備妥一間鄉宅。

父親不聽勸，他告訴我和兩位姊姊：

「如果你們想的話，去吧，我和你們的母親與小妹留在這裡……」

當然，我們不願分離。

夜。無人祈求夜晚迅速消失。繁星只是吞噬我們的巨大火燄的小火花，如果這把火燄熄滅了，天空裡什麼也沒有，除了黯然的星星，除了死去的眼睛。

除了上床睡覺之外，沒什麼好做，我們在那些消失不見的人的床鋪上，休息，恢復體力。

到了清晨，這股悲傷又消失無影，我們甚至以爲要去度假，有人說：

「誰知道，也許他們爲了我們著想才驅逐我們。前線不遠了，大砲聲清晰可聞，因此，必須驅散居民……」

「他們害怕我們不夠精忠愛國……」

「依我看來，流放這件事不過是個玩笑。不過，別笑得太早，那些德國佬想剽竊我們的珠寶。他們很清楚我們都把珠寶埋藏起來，只得展開挖掘行動，而這個行動得在主人度假時執行……」

度假！

這些沒人相信的瞎扯倒適宜打發時間。我們待在小猶太特區的期間，日子過得頗為愜意，平靜無波，人人友善相處，沒有富窮、貴賤之別，一律以犯人的名義，不過罪名未明。

星期六本是休息之日，卻獲選為我們的驅逐之日。前夕，我們做了每週五的傳統晚餐，感謝上帝賞賜的麵包與酒，然後安靜吞下食物。我們知道，這將是全家最後一次共進晚餐。我徹夜回憶過往，毫無睡意。

黎明時我們已經聚集在街上，準備離開。這一次，沒有匈牙利警察，他們同意讓猶太理事會全權處理驅逐事宜。

我們朝著猶太大教堂前進，整個城鎮空無人影。不過，我們昨日的朋友躲在遮窗板後面，伺機剽竊我們的房子。

猶太教堂變成大型火車站，充滿行李與淚水。祭壇被搗碎，掛毯被撤走，牆上空無一物，大家擠成一團，幾乎無法呼吸。我們在那裡度過可怕的二十四小時，男人在一樓，女人在二樓。這是週六，而我們在這裡彷彿在望彌撒。由於禁止外出，我們只好到角落解決生理需要。

翌日清晨，我們往車站出發，專門運送牲畜的火車已在那裡等著。匈牙利警察指揮登車，每節車廂得載滿八十人。我們僅被准許攜帶幾塊麵包、幾壺水。警察檢查車窗上的柵欄以免鬆脫。車門都被封死。每節車廂都須指派一位廂長：如果有人逃脫，他得被槍決。

月台上，兩位蓋世太保軍官怡然自得地走來走去，笑容可掬，顯示一切順利進行。

長長的哨聲劃破天際，齒輪開始吱吱作響。我們上路了。

LA NUIT

二

不可能躺下來，也不能同時席地而坐，我們於是決定輪流坐。空氣稀薄，那些站在窗邊的人較幸運，他們可以欣賞百花齊放的風景。

兩天後，乾渴開始折磨我們，燥熱也變得難以忍受。

一些年輕人掙脫社會禮教的束縛，順應本性，在黑夜的蠱惑下開始交合，以爲世界只有他們而無視旁人的存在。周遭的人則睜一隻眼閉一隻眼。

我們還有食物，但我們總是處於飢餓狀態，因爲得未雨綢繆、節省度日。明天可能更難熬。

火車停在卡首（Kaschau），一個捷克邊界的小鎮，我們這才了解自己離開了匈牙利。我們睜開雙眼，但爲時已晚。

車門打開，出現一位德國軍官，一位匈牙利上尉隨侍在側，準備翻譯他的話：

「從現在起，你們交由德軍管轄。身上帶著金、銀、手錶的人得趕緊交出來，不然一經發現，當場槍決。其次，身體不適者可去醫護車廂報到。完畢。」

匈牙利上尉提著籃子穿梭於我們之中，那些不願再嘗恐懼之苦的人交出身上的最後家當。

「在這個車廂裡，一共有八十人，如果少一人，你們都會像狗一樣被槍斃。」德國軍官又說。

他們走了，門再度關閉。我們掉進陷阱了，而且深陷到脖子的高度。大門封鎖，回家的路中斷，緊閉的車廂成爲唯一的世界。

車廂裡有位沙施德太太，半百之齡，她有個十歲的小兒子蜷縮在角落裡。她的丈夫與年紀較大的兩個兒子誤搭第一班驅逐列車，這個分離讓她深受打擊。

我和她很熟，她常到家裡，外表看來平靜，眼神卻熾熱又緊張。她的丈夫謙遜有禮，待在家裡日以繼夜做學問，由她外出工作養家。

沙施德太太已經失去理智。旅程的第一天，她便開始呻吟，追問爲什麼拆散她的家人，不久之後，她發出歇斯底里的哭叫聲。

第三天夜裡，正當我們坐著睡覺，彼此依偎，有些人則站著，尖銳的吶喊劃破寂靜：

「火！我看到火！我看到火！」

大家驚慌失措起來。誰在尖叫？是沙施德太太。她坐在車廂中央，沐浴在從窗外照進來的微光下，好像麥田裡的枯木。她指著窗外，嘶吼著：

「看啊！看啊！火！可怕的火！火啊，請憐憫我！」

有些人貼著柵欄看，除了黑夜之外，什麼也瞧不見。

我們從睡夢裡驚醒，不停地顫抖，車輪每在鐵軌上磨出嘎嘎聲，我們就好像要墮入無底深淵。因爲無法平撫憂慮，我們只好自我安慰：「她瘋了，可憐的女人……」我們將濕潤的毛巾貼在她的額上，想讓她靜下來，她卻依然高聲喊叫：「火啊！有火災！……」

他的兒子哭起來，緊緊抓住她的裙子，試著握住她的手：「不要緊，媽媽！不要緊……坐下來……」他的呼喊比他母親的叫聲更讓我難過。

一些女人也試著安撫她：「再過幾天，您就會找到丈夫和兒子……」她繼續吶喊、咆哮，有時哭哭啼啼起來：「猶太人，聽我說，我看到火，好大的火！凶猛的火啊！」

她好像被魔鬼附身，說話的人已不是她。

我們試著對她解釋，但想讓自己心安的成分多過安慰她：「可憐的女人，她八成太渴了，才不斷提到吞沒她的火燄……」

還是枉然，我們的恐懼在車廂裡爆炸開來，我們開始激動不安，瀕臨發狂的邊緣，我們再也忍受不了。幾個年輕人強迫她坐下，並把她綁起來，堵住她的嘴巴。

回復安靜。小男孩坐在母親身旁不斷啜泣。我開始正常呼吸，聽著輪子以一成不變的節奏在鐵軌上運行，穿越黑夜。我們開始昏睡、歇息、作夢……

過了一兩個小時之後，又出現令人屏息的尖叫。女人鬆開束縛，號叫得更加激烈：

「看呀，火！到處都是火……」

年輕人又綁住她，堵住她的嘴巴，對她拳打腳踢，有人一旁助陣：

「叫這個瘋婆子閉嘴！她又不是獨自一人，叫她閉嘴！」

他們又狠狠給她幾拳，幾乎可能致命的拳頭。她的兒子緊緊抱住她，沒有叫喊也不發一語，他甚至不再哭泣。

無盡的夜。接近破曉時分，沙施德太太恢復平靜，蜷縮於一角，目光呆滯，已對我們視而不見。

白晝期間，她保持沉默，一副失魂落魄、與世隔絕的樣子。一入夜，她又開始尖叫：「火災，在那裡！」

她指向天際，一如先前的情況。我們已疲於打她。跟這些撕裂人心的尖叫比起來，熱氣、口渴、惡臭、窒息的氣氛都不算什麼。再不了多久，我們也會跟著咆哮。

等我們到達車站。站在窗邊的人告訴我們站名：

「奧許維茲（Auschwitz）。」

沒人聽過這個車站。

火車不再啓動。午后緩慢流瀉。車門打開，我們可以指派兩人下車打水。

他們回來後，告訴大家用金錶換來的消息：我們抵達終點站，再過不久就會下車。這裡有個勞動集中營，環境還不錯。家庭不會被拆散，只有年輕人得到工廠上班，老弱傷殘則在田地裡幹活。

大家信心大增，全然擺脫前些夜晚的恐懼，感謝上帝。沙施德太太依然蜷縮在角落裡，沉默不語，無視旁人的信心。她的兒子撫摸著她的手。

夕陽開始籠罩車廂。我們吃完最後一點食物，到了晚上十點，每個人找到合宜的姿勢打盹，不久即沉入夢鄉。突然：

「火！火災！看，在那裡！……」

我們嚇了一跳，紛紛趕到窗邊。雖然僅歷時數秒鐘，我們居然相信她的話，但是外面只有漆黑的夜。我們憤恨地回到原位，卻無不恐慌。她繼續尖叫，我們開始對她拳腳相向，費了一番工夫終於讓她安靜下來。

車廂廂長叫喚在月台上散步的德國軍官，請求他把這位病人轉到醫護車廂。

「忍著點，」他回答。「再過不了多久，我們就會把她帶過去。」

大約十一點時，火車再度啓動。我們貼近窗口，車子緩緩移動，十五分鐘之後，又降低速度。透過窗戶，我們看到充滿勾刺的鐵絲網，明白集中營到了。

我們已經忘卻沙施德太太，但突然又聽見她恐怖的號叫：

「猶太人，看啊！火！熊熊烈火！看啊！」

火車停止。這時我們看到在漆黑的天空中，高聳的煙囪冒出火燄。

沙施德太太不再開口，她不再開口，變得冷漠、失魂落魄，坐回原來的角落。

我們注視著閃耀在夜裡的火燄，空氣裡到處流竄著惡臭味。車門猛然打開。穿著條紋上衣、黑長褲等奇裝異服的人跳進車廂，手裡握著手電筒和棍棒，他們開始亂打，並大叫：

「全部下車！東西留在車上！快！」

我們奔向外面。我看了沙施德太太最後一眼，她的兒子握著她的手。

在我們眼前，燃燒著熊熊烈火。在空氣裡，飄浮著肉類焚燒的味道。應該是子夜了，我們抵達波克瑙（Birkenau）。

LA NUIT

三

我們帶來的貴重物品最後都留在車廂裡，跟著它們留下來的，還有我們的幻覺。

每兩公尺就有一名SS[1]拿著槍對準我們。我們手牽手，跟著人群移動。

一名持棍的SS軍官走過來，吆喝道：

「男左女右！」

這四個字說得不疾不徐，不帶任何感情，而且簡單俐落。而我就在這一刻離開母親。我還來不及思考，只感覺父親緊緊握著我的手：只剩下我們兩人。在一剎那間，我看著母親和姊妹走向右邊。茨波哈握著母親的手，她們越離越遠，母親撫著小妹的金髮，想保護她。而我，我繼續跟著父親和其他男人前進。這一刻我並不知道再也見不到母親和茨波哈，我繼續往前走，父親抓緊我的手。

在我身後，一名老人跌倒在地，SS扣下手槍的扳機。

我的手在父親的臂膀上抽搐著，我只有一個念頭：不能失去他。我不想落單。

SS軍官下達命令：「五人排成一行。」

又是一陣混亂。我們非得待在一塊不可。

「喂，小鬼，你幾歲？」

一名比我們早來的囚犯問我話，我看不清他的臉孔，不過他疲乏的聲音充滿溫熱。

「十五歲。」

「不對，是十八歲。」

「不，十五歲。」我又說一次。

「笨蛋，記住我的話。」

接著他問父親，父親答道：「五十歲。」

他更加憤怒，說道：「不是五十歲，是四十歲，聽到了嗎？十八歲和四十歲。」

接著他隨著夜的影子消失不見。出現了第二個囚犯，他滿口髒話：

1 譯注：SS為Schutz Staffel的縮寫，意指禁衛隊，是成立於一九二五年的納粹組織，成員都經過嚴格篩選，以符合政治上（都是狂熱納粹信徒）以及種族上（純種亞利安人）的要求。其首腦為希姆萊，於一九三六年與祕密警察合流。從一九四〇年開始，「禁衛隊」擁有名為「黨衛軍」（Waffen-SS）的前線作戰部隊，意圖逐步取代德國正規軍的地位。

「雜碎，你們爲什麼來到這裡？爲什麼？」

有人竟敢回答：「您以爲我們自己想來？您以爲我們苦苦哀求要來？」

那囚犯看來想把他宰了。

「閉嘴，豬崽子，不然我就讓你沒命。你們到達這裡以前早就該上吊自盡，難道你們對奧許維茲的事情都一無所知？已經一九四四年了啊？」

沒錯，我們都一無所知。沒人告訴我們。他不敢相信我們的話，口氣變得更加粗暴：

「你們看到那邊的煙囪沒？看到了嗎？還有火燄？（是的，我們看到火燄）那裡就是你們要去的地方，那裡就是你們的墳墓，你們還不明白嗎？你們就要活活燒死！烤焦！化成灰燼！」

他的憤怒變得歇斯底里，我們震驚得動彈不得。這是場惡夢吧？一場無法想像的惡夢？

我聽四周輕聲細語：

「想想辦法，我們不能像送進屠宰場的畜牲一樣乖乖受死，我們得一起反抗。」

我們之間有幾名壯丁，身上藏著匕首，鼓動同胞一起打擊全副武裝的警衛。一位年輕人說：

「要讓世人知道奧許維茲，讓還能逃過一劫的人知道怎麼回事……」

不過許多老叟祈求年輕人別做傻事：

「即使刀子架在脖子上，也不該喪失信心。聖賢們都這麼說的。」

起義的風浪平息下來。我們一直走到十字路口，那裡站著一個ＳＳ軍官，我後來才知道他就是惡名昭彰的門格爾（Mengele）醫生。這個典型的ＳＳ有凶殘的五官，戴著單片眼鏡，一副聰明過人的模樣。他手持樂團指揮棒，身旁圍繞著許多軍官。那指揮棒動個不停，一下往右一下往左。

我走到他面前：

「你的年紀？」他操著頗有威嚴的語氣問我。

「十八歲。」我的聲音顫抖著。

「身體健康？」

「是的。」

「職業？」

告訴他我是學生？

「農夫。」我聽見自己這麼說。

這段對話只花不到數秒鐘的時間，卻像一輩子長久。

指揮棒轉向左邊，我向前踏出半步，想知道父親被送往哪一邊。要是他朝右邊的話，我還可以趕上他。

指揮棒將父親也轉向左邊，我放下心中的大石。

我們還不清楚哪一邊才是好的，左邊還是右邊，哪一邊走向苦役、哪一邊走向焚化爐。不過我很高興待在父親身邊。隊伍緩緩前進。

又有一名囚犯走近我們：

「高興嗎？」

「是啊。」有人回答。

「不幸的是，你們正走向焚化爐。」

他好像說對了。在我們前面不遠處的溝渠裡，冒出許多火燄，烈火熊熊，不知燒些什麼東西。有卡車駛近溝渠，卸下承載物：小孩！還有嬰兒！沒錯，我親眼看到了……一群小孩被烈火吞噬。（如果我的睡意從這一刻開始消失，會很怪嗎？）

那就是我們要去的地方，稍遠處有更巨大的火坑，專埋大人。

我捏捏臉頰：我還活著嗎？還清醒嗎？我不敢相信，怎麼可能發生燒死大人小孩的事，而全世界都默不吭聲？不可能，這些都不可能發生，絕對是一場惡夢……我應該馬上會驚醒，心蹦蹦跳，重回我童年的房間、我的書本。

父親把我從龐雜的思緒裡拔出來：

「眞可惜……你沒跟在母親身邊……我看到許多跟你一般大小的孩子跟著他們的母親……」

他的聲音充滿悲哀。我知道他不想看到我即將遭遇的下場，他不願看著自己的獨生子活活燒死。

他冒著冷汗。但是我告訴他，我不相信這個時代有人燒人這種事，人道主義絕對不允許這等行爲……

「人道主義已經不管我們，今天什麼都有可能，連燒人的焚化爐都出現了。」

他哽咽起來。「父親，」我告訴他，「果眞如此，我也不想再熬下去了。乾脆去撞電流鐵絲網一了百了，也比葬身火燄慢慢燒死要好。」

他沒回答只是啜泣，全身顫抖。有人開始念《卡第緒》（Kaddich）祭文。我不知道在悠久的猶太歷史裡，是否曾經有人爲自己念祭文。

「Yitgadal veyitkadach chmé raba（但願主之名更加偉大而神聖）……」父親喃喃自語。

生平第一回，我生起叛逆之心。我爲什麼讚美主之名？這個永生不滅、萬物之主、萬能而恐怖的永世之主都不發一言，我憑什麼感謝祂？

我們繼續前進，逐漸靠近傳出煉獄般高溫的火坑。還有二十步的距離，如果要結束自己的生命，得把握現在。現在隊伍只離火坑十五步，我咬著嘴唇，以免父親聽到我下巴顫抖的聲響。現在只離十步。八步。七步。我們像送葬隊伍般緩緩前進，參加的卻是我們自己的葬禮。還有四步，三步。坑洞和火燄就近在眼前，我凝聚剩下的力氣，想跳脫隊伍撞向鐵絲網。我在內心與父親、與全世界告別，即使我想壓抑不說，但是「Yitgadal veyitkadach chmé raba（但願主之名更加偉大而神聖）……」這句話仍浮到嘴邊。我的心快跳出來。我與死亡天使迎面相對。

不。就在距離火坑還有兩步的時候，我們受命向左轉，走進一間木棚。

我緊緊抓著父親的手，他告訴我：

「你還記得火車上的沙施德太太嗎？」

永遠，我永遠也忘不了這個夜晚，集中營的初夜讓我的一生變成漫漫長夜，並且重重鎖上。

我永遠也忘不了那些煙霧。

我永遠也忘不了那些小孩的臉龐，他們的身體在靜謐的藍空下變成一縷輕煙。

我永遠也忘不了那些火燄，它將一輩子蠶食我的信仰。

我永遠也忘不了那些寂寥的夜晚，它們讓我永久喪失生存的欲念。

我永遠也忘不了這些瞬間，它們扼殺我的上帝和我的靈魂，讓我的夢想化成荒漠。

我永遠也忘不了這些，即使我注定活得跟上帝一樣蒼老，我永遠也忘不了。

永遠。

我們走進一間很長的木棚，屋頂上有幾扇微微透出藍光的天窗。煉獄的等候室應該就是這樣吧。這麼多驚慌失措的人、這麼多的驚聲尖叫、這麼多的野蠻舉動。

十多名犯人迎接我們，持著棍棒，到處揮舞，見人就打，毫無理由。命令隨之而來：「脫掉衣物！快點！到外面！只能拿著腰帶和鞋子……」

我們必須把衣物丟到木棚的盡頭，那裡已經疊著一堆新穎或老舊的時裝、襤褸的大衣以及破衣爛服。我們全部赤裸著，凍得發抖。

幾名SS軍官走來走去，尋找體格壯碩的人。如果身強體健能獲得青睞，或許應該盡力使自己看起來強壯？父親卻持相反看法，他認爲最好避免鋒芒太露，眾人的命運才是我們的命運。（後來，我們得知自己是對的。當晚獲選的人都被編到Sonder-Kommando，也就是所謂的焚化爐工作隊。我們家鄉的富商小開卡茲搭乘第一班驅逐列車，比我們早一週來到波克瑙。當他獲知我們抵達時，曾託人告知我們，他因爲身材壯碩中選，卻親手把自己父親的屍體送進焚化爐。）

棍棒敲擊如雨點般落下：

「理髮！」

提著腰帶和鞋子，我跟著其他人走向理髮師。理髮器剷除頭髮、剃光身上的毛髮。我的腦海裡盤旋著同樣的念頭：別遠離父親。

從理髮師的手裡重獲自由後，我們跟著人群遊蕩，重新找到故友以及不太熟稔的相識。這些重逢帶給我們歡樂，沒錯，歡樂：「上蒼保佑，你還活著……」

有些人則號啕大哭。他們利用全身僅存的力氣哭泣：爲什麼讓自己被送到這裡？爲什麼沒在床上一了百了？他們的話語不時被啜泣聲中斷。

忽然間，有人抱住我並親吻我的臉頰，是錫蓋特猶太教士的弟弟依施爾。他淚留滿面，我相信他是爲了自己還活著而高興得哭泣。

「別哭，依施爾，」我告訴他。「我爲死去的人感到遺憾……」

「別哭？我們在鬼門關前走一遭，再過不久，我們將到鬼門關裡……你明白嗎？在鬼門關裡。這如何教我不哭？」

透過屋頂上微微發藍的天窗，我看著黑夜一點一滴消失。我不再害怕，接著，我被沉重的疲憊擊倒。

消失的人不再浮現在我們的腦海裡。有人偶爾還提到他們：「誰知道他們怎麼了？」但是我們不太關心他們的下場。我們無力顧及他人，感官能力變得遲鈍，面前的一切都像罩在霧裡變得模糊不清。我們和周遭不相關，自我防衛、自尊心等天性都消失無蹤。在某些頭腦清晰的重大時刻裡，我覺得我們好像是被詛咒的靈魂，在虛無世界裡流浪，注定世世代代在各地流浪，以尋求救贖與赦免，卻都沒有找到的希望。

將近清晨五點，我們被趕出木棚。許多囚監[2]對我們亂敲亂打，不過，我不再感到疼痛。冰冷的微風裹住我們光禿禿的身體。我們收到跑步的命令。

我們開始奔跑。跑了幾分鐘後，我們到達另一間木棚。門口有一桶煤油，每個人都得浸泡消毒，接著是熱水淋浴，必須快速淋過，然後又跑出棚外，繼續奔跑，到達第三間木棚：庫房。勞動服在長桌上堆積如山，我們繼續快跑，有人扔來褲子、外套、襯衫和鞋子。

在短短幾秒鐘的時間裡，我們不再是人。如果那處境不那麼悲哀的話，我們或許還會大笑出來。奇裝異服？高大的卡茲收到童褲，而瘦小的史坦接到一件足以淹沒他四肢的外套。因此，我們趕緊交換衣物。

我看了父親一眼，他變了好多！兩眼深陷。我想跟他說些什麼，但找不到話說。

夜已經離開，空中晨星閃爍。我，我也變成另一個人。《猶太法典》的學子、昔日的男孩已葬送在火燄裡，徒留形狀像我的空殼。黑色的火苗出現在我的靈魂裡，吞沒我的靈魂。

短短數小時發生太多事，教我失去時間的觀念。我們何時離開家園的？猶

2 編按：囚監（Kapo），意指由囚犯中選出的納粹集中營警衛。

太特區？火車？僅僅一個星期而已？一個夜晚——一個夜晚？

我們在冷風中站了多久？一個鐘頭？僅僅一個鐘頭？六十分鐘？

一定是場夢。

離我們不遠處，一些犯人正在埋頭工作。有人挖洞，有人搬沙，沒人看我們一眼。我們猶似荒漠裡的枯木。有人在我的身後交談，我一點也不想知道他們談話的內容，或者他們是誰以及談論些什麼。大家都放低音量，即使周遭並無警衛。我們輕聲低語，也許是因爲濃厚的霧毒化空氣，噎住喉嚨……

我們走進另一個木棚，是吉普賽人集中營，每五人排成一列。

「現在不准再動！」

沒有地板，只有一個屋頂和四面牆，雙腳陷在泥沼裡。

再度等候，我站著睡著，夢想著床鋪以及母親的愛撫。我又醒過來，發現自己站立著，腳踩著泥沼。有些人跌倒，持續俯臥在地。

其他人叫喊：「你們瘋了不成？繼續站好，你們想替大家招來不幸？」說得好像世上所有的不幸還沒降臨到我們頭上。

我們一個接一個坐在泥沼裡。但每當有囚監走進來，我們便馬上站起來。囚監是來查看有沒有人穿著新鞋，如果有，就要把新鞋交給他。拒絕他也沒用，因爲一陣拳打腳踢後，鞋子還是得交出去。

我有一雙新鞋，因爲被厚重的泥巴包住而沒被發現。我感謝上帝賜予恩澤，在祂奇妙無窮的世界裡創造泥巴。

突如其來的沉默。一名SS軍官帶著死亡天使的味道走進來，我們盯著他豐腴的嘴唇，他立定在木棚中央，開始發表演說：

「你們身在奧許維茲集中營……」

停頓。他觀察這句話引發的威力。直到今天，他的臉孔仍烙印在我的腦海裡。他身材高大、三十多歲，他的罪行顯露在他的額頭與雙眸裡，他把我們看成一群染上癲癇症、苟延殘喘的狗。

「牢牢記好，永遠記住你們身在奧許維茲，把它印在腦海裡。奧許維茲不是度假別墅，而是集中營。在這裡，你們必須工作，不然就直接送往煙囪，扔到焚化爐裡。工作還是焚化爐，由你們自己決定。」

這一晚，我們經歷許多災難，本以爲再也沒有什麼足以令人畏懼，然而，他冷酷無情的一席話還是讓人背脊發涼。在這裡「煙囪」二字並非空洞無意義；它混和了煙霧，在空氣裡流動。它可能是唯一具有眞實意義的字。他離開木棚，換上囚監上場叫道：

「有專長者，鎖匠、木工、電工、鐘錶匠等等，都往前站一步。」

我們其他人則都被帶到另一個石頭蓋成的營房。我們獲准坐下，一名吉普賽囚犯監視我們。

父親忽然腹痛，他站起來走向吉普賽人，以德語客氣問道：

「對不起，能否告訴我廁所在哪裡？」

吉普賽人從頭到腳打量他良久，似乎想要確定說話的人是一個有血有肉、有手有腳的人。突然，他好像從熟睡裡清醒過來，重重賞給父親一記耳光，我父親承受不住整個人倒了下來，然後爬著回去原位。

我僵直不動。我怎麼了？有人在我面前揍打父親，我居然眉頭都沒皺一下。我目睹一切，但不吭一聲。要是昨日，我鐵定把十指掐入這個施暴者的肥肉裡。我改變這麼多？這麼快？我現在開始感到懊悔，我僅僅想道：我永遠也不能原諒他們。父親一定看出了我的念頭，於是他輕聲告訴我：「不痛。」他的臉頰上仍殘留著手掌的紅印。

「所有的人都出去！」

十多名吉普賽人與我們的守衛會合，槍托和皮鞭在我四周劈啪作響。在我還來不及思考以前，我拔腿就跑，並試圖躲在別人背後以免被擊中。暖暖春陽高高照。

「排隊，五個五個一列！」我上午看到的囚犯在一旁工作，他們附近並沒有警衛，只有煙囪的陰影……沉醉在陽光和白日夢中，忽然我發覺有人拉我一把，是父親：「往前走，我的小兒子。」

我們向前走，門打開又關上，我們在滿是刺勾的鐵絲網間繼續前進。每走一步，就有一個畫著黑色骷髏頭的白板盯著我們，上面寫著：「小心！致命的危險。」可笑的是，這裡有哪個地方沒有致命的危險？

吉普賽人停在一間營房，一群SS接替他們，帶著手槍、衝鋒槍、警犬，把我們團團圍住。

我們又走了半個鐘頭。我環顧四周，發現鐵絲網在我們身後，已經離開了集中營。

那是五月美好的一天，空氣瀰漫著春天的花香，太陽向西傾斜。

不過，我們沒走幾步路，又發現另一個集中營的鐵絲網，鐵門上寫著：「工作就是自由！」

奧許維茲。

奧許維茲給人的最初印象比波克瑙好。這裡都是兩層樓水泥房而非木棚，到處都有小花園。我們被帶往其中一間「牢房」，並奉命坐在門口地上等候。他們不時喚人進去，每個人都得洗澡，這是集中營的規定。我們每天輪流沖澡好幾次，每踏進集中營都得洗澡。

離開熱水澡後，我們在黑夜裡哆嗦顫抖。我們的衣服必須留在牢房裡，並被通知將有新衣物。接近子夜時，我們受命跑步。

「快點，」守衛吶喊著，「跑得越快，睡得越早。」

瘋狂跑了幾分鐘後，我們到達另一間牢房，負責人已經站在那裡等候我們。他是一位年輕波蘭人，對我們微微笑，開始發言，我們雖然筋疲力盡但仍然耐心聆聽。

「同志們，你們身處奧許維茲集中營，漫長的苦難等著你們，但是別失去勇氣，你們剛剛擺脫最大的危險：淘汰競選。所以要重振士氣別失去希望，每天都是自由之日。要對人生充滿信心，一千個信心。拋棄絕望，便遠離死亡。煉獄並非永無止盡……現在，給你們一個祈禱，或說是忠告：願你們都有同舟共濟的精神。我們都是忍受同樣命運的兄弟，我們的頭上都飄浮著一樣的煙霧。要相互扶持，這是生存的唯一方法。我說完了。你們都很疲倦，聽好，你們在十七號牢房，我負責維持這裡的秩序，有任何問題都可以來找我，完畢。上床去，每張床睡兩人，晚安。」

第一次人道發言。

一倒在床上，濃烈的睡意立刻席捲我們。翌日早上，「資深囚犯」並未暴

力相向，我們先盥洗一番，他們拿給我們新衣物和黑咖啡。

十時，我們離開牢房以便清洗場地。室外，陽光溫暖我們的身軀，我們恢復精神，感到睡了一覺的好處。朋友聚在一起交談，我們什麼都聊就是不提消失的人。一般的看法是大戰即將結束。

大約中午時分，有人分發湯，每人一盤濃稠的湯。儘管飢腸轆轆，我卻拒絕喝。我還是不改以往驕縱的個性，父親喝了我的湯。

我們在昏暗的牢房裡睡午覺。爛泥巴木棚的SS一定在撒謊；奧許維茲其實是休養院……

下午時，我們排好隊伍，三名囚犯搬來一張桌子和醫療器具。每個人都捲起左衣袖，走向桌子，三名「資深囚犯」用針在我們的左臂上刻上號碼。我變成A-7713，從此以後，我只有這個名字。

傍晚有點名。工作隊回來了，樂隊在大門口演奏軍樂。數萬名囚犯排排站好，由SS檢查人數。

點名完畢，每個牢房的犯人一哄而散，想在搭乘最後一班車到達的囚犯裡找到親朋好友。

時光流逝。早晨：黑咖啡。中午：湯（到了第三天，任何湯我都吃得津津有味）。下午六時點名，接著吃麵包。晚上九時上床。

到達奧許維茲已經八天，我們只一心等待點名結束的鐘聲。我忽然聽到有人在隊伍中穿梭詢問：

「你們有誰是維瑟爾，來自錫蓋特的？」

找我們的人個頭矮小、戴著眼鏡、滿臉皺紋、老態龍鍾，父親回答他：

「我就是。錫蓋特的維瑟爾。」

矮小的老人注視父親良久，瞇起眼睛：

「您不認得我嗎？……您不認得我……我是您的親戚史坦，您忘了？史坦！安特衛普的史坦，我是蕾塞的夫婿，您內人是蕾塞的姑姑……她常寫信給我們……那些信啊！」

父親認不出他，而且應該不太認識他。因爲父親總是埋首社區事務，對家人親戚較不關心，再說，他經常對周遭不聞不問（一次我的表姊來錫蓋特拜訪我們，她住在家裡，跟我們一起用餐，到了第十五天父親才發覺她的存在）。是的，父親一定不記得史坦，不過我認得他。我認識他太太蕾塞，在他們搬到比利時前。他說：

「我在一九四二年就被驅逐出境。我聽說有班火車來自你們家鄉，就到處尋找你們，我想你們也許有蕾塞和我兩個兒子的消息，他們還留在安特衛普……」

我完全沒有他們的音訊，從一九四〇年以後，母親就未再接獲他們的信，但是我騙他：

「有啊，我母親有收到他們的來信。蕾塞身體健康，小孩也是……」

他喜極而泣。他還想待更久，知道更多細節，沉浸在美好消息的喜悅裡，不過一名SS走過來，他只好離開並叫嚷著明天還會過來。

鐘響了，我們可以解散去領晚餐，有麵包和瑪淇淋（人造奶油）。我餓得狼吞虎嚥，當場就吃光全部食物。父親說：

「不該一次就吃完，還有明天……」

發現建議下得太遲，我的配給已都吃完。他不打算吃。

「我不餓。」他說。

我們在奧許維茲待了三個星期，整日無所事事，下午和晚上都在睡覺。唯一的憂慮是被送走，所以大家的目標是待在此地越久越好。這倒不困難，只要避免聲稱自己是學有專精的技工。非技工可以留到最後才送走。

三個星期後，我們的獄長因爲太人性而被開除。新來的獄長殘忍無情，手下更是連禽獸都不如。美好的日子不再，我們開始自問是否應該被選上技工而被送走。

來自安特衛普的親戚史坦經常來探望我們，有時帶來半人份的麵包：

「收好，這是給你的，埃利澤。」

他每次來都淚流滿面，任淚水滑落他冰冷的臉頰。他常跟父親說：

「顧好你兒子，他太瘦弱。你們都要顧好自己，小心絕不要被淘汰。要多吃！不管吃什麼、不管何時何地，盡可能把東西吞下肚就對了。在這裡，瘦弱的人都撐不了多久……」

而他本身卻如此乾癟、如此虛弱……

「唯一支撐我活下去的，」他經常掛在嘴邊，「是知道蕾塞和小孩都還活著。要不是這樣，我也活不下去。」

有一天晚上，他來看我們，容光煥發。

「剛剛到達一輛從安特衛普出發的火車，我明天就去看一看，他們一定有消息……」

他走了。

我們再沒見到他。他已經知道眞正的情況了。

晚上，躺在墊鋪上時，我們有時會唱著哈西迪之歌。杜呂梅深沉的嗓音令人心碎。

有人提到上帝：祂的神祕作爲、猶太民族的罪孽、未來的救贖。但是我，我不再祈禱。我跟約伯站在同一陣線！我並非否定上帝的存在，但我質疑祂的公正性。

杜呂梅說道：

「上帝在考驗我們，祂想看看我們能否主宰惡劣的天性，手刃我們內心的撒旦。我們沒有權利絕望。如果祂毫不留情懲罰我們，那正是愛之深責之切的表現啊……」

精通卡巴拉的傑努則高談世界末日以及救世主的降臨。

在這些百家爭鳴裡，我偶爾想到：「媽媽與茨波哈現在身處何方……」

「你母親還很年輕，」有一次父親這麼說，「她一定在勞動集中營裡。茨波哈不也是大女孩了？她應該也在某個集中營……」

要是眞的這麼相信就好！我們假裝信以爲眞，彷彿彼此仍眞的這麼以爲。

所有的技工都送到其他集中營，只剩下一百多名非技工。

「今天輪到你們，」牢房的祕書宣布，「你們下一批走。」

上午十時分發一日份麵包。我們被十餘名SS團團圍住。門口立著招牌「工作就是自由」。清點人數。不久之後，我們置身曠野，走在陽光普照的路上，空中飄著幾朵小白雲。

我們緩緩前進，警衛並未加緊腳步，我們爲此感到快活。許多德國人看著我們經過村莊，卻未顯露訝異的神色，他們大概見過許多類似的隊伍……

我們遇到一群德國姑娘，警衛跟她們打情罵俏，這些姑娘很活潑，她們任由警衛擁抱、挑逗同時縱聲大笑。他們相互取鬧，你來我往甜言蜜語了好長一段時間。我們也暫時不用忍受叫罵和槍托的敲打。

四個鐘頭後，我們抵達另一所集中營：布納（Buna）。鐵門在我們身後再度關閉。

LA NUIT

四

集中營像剛被傳染病侵襲過：空洞死寂。只有幾名「穿戴整齊」的囚犯在牢房間走來走去。

當然，我們得先沖澡。營長親自來到淋浴間與我們會合，他身材魁梧，擁有公牛般的頸項、渾厚的嘴唇、捲曲的頭髮，看起來和善，灰藍的雙眸偶爾閃過一絲微笑。我們隊伍裡有數名十和十二歲的孩童，這名軍官對這些男孩很有興趣，特地叫人給他們食物。

我們換上新衣服後，被安頓到兩個營帳內，等待編入工作隊，最後才被遣入牢房。

當天晚上，所有的工作隊都從工地回來。點名。我們開始尋找親朋好友，跟資深囚犯打聽哪個工作隊較好，應編到哪所牢房。每位囚犯都一致贊成：

「布納集中營很好，大家都能撐下去，只要避免被派到營造工作隊……」說得好像我們可以自行選擇一樣。

負責帶領我們營帳的隊長是名德國人，一副殺人不眨眼的嘴臉，嘴唇豐腴，雙手好比狼爪。他應該很享受集中營的伙食，胖得幾乎走不動。跟集中營營長一樣，他也很喜歡小男孩。我們一抵達，他就交待發給小男孩麵包、湯和瑪淇淋（事實上，這種好感有其目的；在這裡，小孩成爲同性戀者的玩物，我後來才知道）。他告訴我們：

「你們得待在這裡三天，隔離，然後開始工作。明天，進行身體檢查。」

他的助手之一，一個帶著小混混眼神、滿臉嚴峻的小孩，走向我：

「你想編到好的工作隊嗎？」

「當然，但是我一定要待在父親身邊……」

「好，」他說，「我可以安排，不過你得交出鞋子，我另外給你一雙。」

我拒絕給他鞋子，它是我唯一的家當。

「我再給你一日份的麵包，外加一塊瑪淇淋……」他看中我的鞋子，但是我毫不讓步。他們稍後還是奪走我的鞋子，只是這一次，他們不用任何東西交換。

清晨時開始進行戶外身體檢查，三名醫生坐在長椅上。

第一位未幫我聽診，只是問我：

「你身體好嗎？」

誰敢回答相反之詞？

牙醫則比較認眞，他要我張開嘴巴。事實上，他找的不是蛀牙而是鑲金的牙齒，並把鑲了金牙者的號碼登記下來。我也有一顆金牙套。

三天很快就過去，到了第四天，破曉時分，我們站在營帳前，囚監出現，各自挑選中意的人：「你……你……還有你……」他們彷彿在選畜牲或商品一般，用手指著。

我們跟隨著一名年輕的囚監，他要我們停在第一間牢房前，靠近營區大門口處。這是軍樂團牢房。他下令「進去」，我們很驚訝，我們和音樂有何干係？

樂團開始演奏進行曲，不斷重複同一首曲子。十餘支工作隊踩著整齊的步伐前往工地，囚監高呼節奏：「左，右，左，右。」

ＳＳ軍官手持紙筆，登記離開的人數，樂團重複演奏同一首進行曲直到最後一支隊伍離去。樂團指揮定住指揮棒，團員立即停止演奏，囚監叫喊著：

「排隊！」

包括樂手在內，我們每五人排成一行。我們離開營區，雖然沒有音樂相隨，但是步伐整齊：我們的耳朵裡仍迴響著進行曲的旋律。

「左，右！左，右！」

我們和樂手搭訕起來。他們幾乎都是猶太人。波蘭人朱里列克蒼白的臉上戴著眼鏡和憤世嫉俗的微笑。生在荷蘭的路易是頗具名望的小提琴手，他抱怨自己無法演奏貝多芬，理由是猶太人沒有權利演奏德國音樂。年輕的柏林人漢斯極為聰穎。工頭則是波蘭人：華沙學生法藍內克。朱里列克跟我解釋：

「我們在附近的電器材料庫房工作，工作不難也不危險，不過囚監伊戴克常亂發脾氣，最好別被他遇上。」

「你運氣很好，小子，」漢斯一邊笑一邊說，「你編到不錯的工作隊。」

十分鐘後，我們來到庫房。一名德國平民雇員「監督師父」和我們會合，他對我們完全不屑一顧。

我們的同伴說得對，工作並不困難，我們得坐在地上清點螺栓、燈泡等電器零件，因監跟我們詳細解釋這個工作的重要性，遊手好閒者將受到重罰。新同伴要我們放心：

「他這麼說是因爲那個『監督師父』的關係。」

在庫房裡有許多波蘭平民和一些法國女人，女人們對樂手頻送秋波。

工頭法藍內克把我叫到一角：

「不用太操太趕，只要小心別讓ＳＳ逮住就好。」

「工頭……我想待在父親身邊。」

「好，我讓你父親到這裡工作，和你一塊。」

我們很幸運。稍後又新來了兩名男孩，猶西和提比兩兄弟，他們來自捷克，父母親在波克瑙集中營被結束生命，從此他們身心合一、相依爲命。

我們很快就成爲好朋友。他們曾是錫安青年會的會員，所以會唱許多希伯來聖歌，我們偶爾哼些描述沉靜約旦河和聖潔耶路撒冷的歌曲。我們常提起巴勒斯坦。在一切還來得及前，他們的父母也沒有勇氣變賣家當，遠走他鄉。我們都下定決心，如果戰爭結束時還僥倖活著，絕不願在歐洲多作停留，要立刻搭乘前往海法的第一班船。

杜呂梅仍然沉迷於神祕主義的夢幻裡，他在聖經裡找到一段經文，將它翻譯，並預言再過數週就能擺脫苦難。

我們從營帳遷移到樂手的牢房，有權獲得一條棉被、一個臉盆和一塊肥皂。獄長是名德國猶太人。

有猶太獄長很有利。他叫阿爾凡斯，年紀輕輕，五官卻驚人的衰老。他一心一意護衛著「他的」監牢。每有機會，他就會準備一鍋湯，給年輕人、孱弱者和所有想多吃一餐勝於重獲自由的人。

一天，我們從庫房回來，我被叫到牢房祕書處。

「A－7713？」

「我是。」

「吃完飯去見牙醫。」

「不過……我沒牙痛……」

「吃過飯就得去。」

我來到傷患牢房，門前有二十多名囚犯大排長龍。我們很快就獲知被召見的原因：拔金牙。

牙醫爲捷克裔猶太人，臉孔活似死人面具，他滿口黃色蛀牙。我坐在診椅上，很謙卑地問他：

「牙醫先生，您要做什麼？」

「拔掉你的金牙套。」他回答得很平淡。

我假裝身體不適：

「可不可以再等幾天，醫生先生？我有點發燒，不太舒服。」

他蹙著眉，考慮了一下，然後測量我的脈搏。

「好，小子，等你一健康就回來，但別等我叫你來！」

一個星期後，我回去看他，利用同樣的藉口：我還沒恢復健康。他並不感到驚訝，我不知道他相不相信，不過他可能因爲我依諾言自動找他而感到高興，所以又准許我的延期。

數天後，牙醫室被關，牙醫下獄並即將處以絞刑，顯然是因爲走私囚犯的金牙獲利。我一點也不同情他，甚至很高興他的下場。我挽救了自己的金牙套。或許有一天它會對我很有用，我可以用來買吃、買性命。而此時，我只對湯和麵包感興趣，它們已成爲我生命的全部。我只剩身體而已，也許更少：我只剩鬧飢荒的胃。只有胃能感到時間的流逝。

在庫房上工時，我的旁邊常是一位年輕法國女孩。我們從不交談：她不說德語，我不會法文。

我覺得她很像猶太人，但大家都把她視爲亞利安人。她是義務服役犯。有一天伊戴克亂發脾氣，我正好被他遇上，他像頭猛獸攻擊我，對我拳打腳踢，我的頭、胸都挨了好幾個拳頭，他越揍越猛，我血流如注、倒在地上，咬緊牙關忍住哀號，他卻把我的沉默視爲不屑，繼續痛毆。

然後他忽然停止，好像什麼都沒發生一樣，命令我繼續工作。我們就好像在玩遊戲，角色同樣吃重。

我蹣跚走到角落，全身疼痛。我感到一隻冰涼的手在我血淋淋的額頭上擦拭著，是那位法國女工，她給我一個憂鬱的微笑，塞了一塊麵包到我手裡，然後定定看著我。我覺得她很想開口說話，但是恐懼扼住她，過了一會兒，她的臉龐才發出光彩，然後以幾乎完全正確的德語說道：

「咬緊牙關，小兄弟……別哭，先按捺住你的憤恨，來日方長。君子報仇三年不晚……咬緊牙關，耐心等候……」

許多年後在巴黎，有一天我在地鐵裡閱覽報紙，發現對面坐著非常美麗的女士，頭髮烏黑、眼神迷濛。我看過這種眼神，是她沒錯。

「您認不出我了，女士？」

「我並不認識您，先生。」

「一九四四年，您人在德國的布納，是嗎？」

「沒錯……」

「您在電器材料庫房工作……」

「是的，」她回答，有點慌亂。沉默片刻後，「等等，我記得……」

「囚監伊戴克……猶太小男孩……您溫柔的話語……」

我們一起離開地鐵，坐在露天咖啡館，徹夜追憶過去。離開她之前，我問她：

「我能夠問您一個問題嗎？」

「我知道您的問題。我是不是猶太人？是的，我是猶太人，而且來自虔誠的猶太教家庭。在德軍占領時期，我取得僞造文件，宣稱自己是『亞利安人』，因此我被派到義務服役隊，並被送到德國，逃脫被送進集中營的命運。在庫房裡，沒人知道我會說德語，不然會引起猜疑。我不太謹愼地跟您說了幾句，但是，我知道您不會背叛我……」

還有一次，我們在德軍的監視下把柴油機搬到火車上。伊戴克又鬧脾氣，隨時都有發火的危險。忽然，他大發雷霆，受害者是我的父親。

「慢呑呑的糟老頭！」他吆喝道。「你這叫工作？」

他用鐵棒毆打，父親痛得扭曲，接著像一棵枯木被雷劈成兩半，癱倒在地。

我看在眼裡，毫不動彈。我不吭一聲，甚至想離遠一點以免受到波及。如果當時的我會忿怒，忿怒的對象也是我父親而非囚監。他爲什麼不避開伊戴克的怒火？集中營的日子已改變了我……

工頭法藍內克有一天發現我有顆金牙套：

「小子，把金牙套給我。」

我回答他不可能給他牙套，因爲沒了它，我就沒法咬東西。

「你得先有食物吃，小子。」我給他另一個理由：身體檢查時，上面留有我金牙套的記錄，若我交給他，我們兩人都會惹來麻煩。

「如果不交出牙套，你將付出更慘痛的代價！」原來聰明友善的男孩突然變個人一樣，他的雙眼流露欲望，我告訴他得詢問父親的意見。

「去問你父親，不過我明天就要答案。」

當我問父親的意見時，他臉色發白，靜默良久，然後才說：

「不行，兒子，我們不能給他。」

「他會向我們報仇！」

「他不敢，兒子。」

唉，不幸他找到對付我們的方法；他看清我的弱點。父親沒服過兵役，不會踏步，但這裡每次集體行進都得踩節奏分明的步伐。法藍內克因此找到機會折磨父親，同時每天給他一頓痛打。左、右：揍幾拳！左、右：打幾個巴掌！

我決定親自教導父親依照節奏正確踏步。我們在牢房外練習，我發出命令：「左、右！」父親開始踏步。其他囚犯取笑我們：「看，小軍官教老頭走路……喂，小將軍，老頭用多少麵包收買你？」

不過，父親進步得有限，拳打腳踢繼續如大雨落在他身上。

「你還是不曉得怎麼踏步，慢老頭？」

同樣的場景整整持續兩個星期，我們再也受不了，只好投降。法藍內克放聲暴笑：

「我就知道，我早說你會投降嘛。遲來總比永遠不來要好。你害我苦苦等待，所以我要沒收你一天份的麵包，把它給我的朋友，來自華沙的著名牙醫，好答謝他替你拔牙套。」

「什麼？我還得給你麵包好讓你得到我的牙套？」

法藍內克微笑著。

「你想怎樣？難道要我賞你一拳，打斷你的牙齒？」

當天晚上在診所裡，華沙牙醫用生鏽的湯匙拔掉我的牙套。

法藍內克又變得和善，偶爾還多給我湯。不過好景不長，兩星期後，波蘭人都得遷移到另一個集中營，我失去牙套卻沒獲得任何好處。

波蘭人離開前幾天，發生了一件意外。

那是星期日早晨，我們的工作隊不需工作，但是伊戴克不想我們待在營裡，所以我們還是得去庫房。他這種突如其來的工作熱忱讓我們頗爲驚訝。到了庫房，伊戴克把我們交給法藍內克：

「隨你們怎麼做，反正得找些事來做，要不然有你們好看……」

然後他消失不見。

我們只管工作，後來蹲久累了，輪流起來走動，順便看看有沒有德國平民不小心遺留的麵包。

我走到房子盡頭，忽然聽到房裡傳來聲響。我走近房間看見伊戴克和一名波蘭少女半裸躺在草墊上。我頓時明白爲什麼伊戴克不讓我們待在營裡，他勞師動眾百名囚犯好跟女人上床，我覺得可笑，忍不住笑出來。

伊戴克驚跳起來，連忙轉身並看到我，女孩則用手遮掩胸部。我很想逃跑，但是雙腳釘在地板上一動也不動。伊戴克揪住我，壓低嗓子說：

「等著瞧，小鬼……你將嘗到離開工作崗位的滋味……等下你就要付出代價……現在，給我滾回去……」

離收工還有半個鐘頭時，囚監集合整個工作隊。點名。沒人知道發生什麼

事，在這個時候點名？在這裡？但是我知道原因。囚監簡短地說：

「囚犯無權涉及他人私事，你們之中有人搞不清狀況，我決定好好教訓他，讓他清楚明白，一勞永逸。」

我的背脊發涼，流著冷汗。

「A－7713！」

我走出行列。

「箱子！」

他要求道。

搬來一個箱子。

「趴在箱子上！肚子朝下！」

我服從命令。

然後，我只感覺皮鞭的抽打。

「一！……二！……」他邊打邊數。

他慢慢地打，只有開始幾下讓我感到疼痛。我聽到他數著：

「十！……十一！……」

他平靜的嗓音好像穿越一座厚牆之後才傳到我耳朵。

「二十三……」

在半昏迷的狀態裡，我想著只要再兩下。囚監拖延著。

「二十四……二十五！」

完畢了，不過我並沒意識到。我昏厥過去，被潑了一桶冷水後才恢復知覺。我仍然平趴在箱子上，模糊中，看到濕漉漉的地板。我好像聽到有人叫，應該是囚監吧，我逐漸聽清楚他在叫什麼：

「起立！」

我確實做出了站起來的動作，因為我感覺自己重新倒在箱子上。但願我可以站起來！

「起立！」他更奮力咆叫。

眞希望我可以回答他，我想。眞希望我能夠告訴他我不能移動。不過，我無法開口。

伊戴克命令兩名囚犯把我扛起來，拖到他面前。

「看著我！」

我眼睛轉向他卻看不見他。我想到父親，他應該比我還痛苦。

「聽好，豬崽子！」伊戴克冷冷地說，「這就是你太過好奇的報應。要是你敢告訴別人見到什麼，再抽你五倍的皮鞭！聽懂沒？」

我點著頭，一次、兩次、無數次，就好像我的頭自行決定點著，再也無法停止。

——

週日。半數的囚犯出外工作，包括我父親；其他半數的囚犯，包括我在內，留在牢房裡賴床。

將近十時，警報器開始鳴叫。空襲警報。獄長跑向我們，要我們在牢房裡集合，而SS都躲藏起來。由於囚犯很容易趁空襲時逃獄——警衛放棄炮塔，鐵絲網中斷電流——SS獲准槍斃任何離開牢房的囚犯。

不一會兒，集中營就好像一艘棄船，走道上了無人跡。廚房附近留下兩鍋半滿的熱湯。兩大鍋湯！現在無人監視的走道中央放著兩鍋熱湯，好似沒人吃的皇家大餐，無法抗拒的誘惑！數百隻眼睛瞪著它們，閃爍著渴求。猶如被數百隻餓狼環伺的兩頭羔羊。不過誰敢逾越雷池一步？

飢餓終於戰勝恐懼。忽然，三十七房的大門悄悄開啓，出現一個人，他像蛔蟲般扭動著身軀爬向湯鍋。

數百隻眼睛目送他的行進，數百人彷彿跟著他匍匐前進，任石礫磨破身體。每顆心都顫抖著嫉妒，他老兄竟敢付諸行動。

他抵達第一個湯鍋，其他人的心撞得更加劇烈：他成功了。我們妒火中燒，沒人想到敬佩他。可憐的英雄，他會爲了區區一碗湯賠掉性命。在我們心裡，他已是死定了。

躺在鍋旁地上的他，想抬起身子站在鍋邊。但也許因爲虛弱，也許因爲憂懼，他先待著不動，然後才凝聚所剩不多的精力，奮力一站，搆到鍋子邊。他在湯裡注視自己一會兒，似乎是在看鬼魂的倒影。接著，不知何故，他發出淒厲的叫聲，一種我從未聽過的嘶啞喘氣聲，他張開嘴巴，頭栽到熱氣騰騰的湯汁裡。我們被槍聲嚇了一跳。他倒在地上，一臉湯汁，在鍋子底下扭曲數秒後一動也不動。

我們開始聽見飛機聲，幾乎在同一時間，牢房開始搖晃。

「布納被炸了！」有人大喊。

我著急地想到在外面工作的父親。不過我還是很高興，看到工廠付之一炬叫人大快人心！我們早已風聞德軍節節敗退，但是不知道該不該相信，今天看來這個消息似乎千眞萬確。

我們都不害怕。要是有顆炸彈掉到牢房，會瞬間奪去上百個囚犯的生命，但是我們不再害怕死亡，反正不怕這種死亡。每顆爆炸的炸彈都教我們欣喜若狂，讓我們對生命重拾信心。

轟炸持續了一小時。如果它能持續十乘以十個小時就好……然後又回復寂靜。最後一部美國飛機的轟隆聲隨風飄逝，我們重新回到自己的墳場。機尾的一柱黑煙留在地平線上。警報再度響叫，昭告空襲已經結束。

所有人都離開牢房，深吸一口混著煙霧的空氣，雙眸閃耀著希望。一顆炸彈掉到集中營中央的集合廣場附近，不過尚未爆炸，我們必須把它搬到集中營外。

營長在副手和囚監長的伴隨下，查視整個營區。空襲在他的臉上留下惶恐的痕跡。

集中營中央躺著唯一的受害者：那位滿臉湯汁的人。鍋子被搬回廚房。

SS重回炮塔崗位，守在機關槍後。中場休息已經結束。

一個小時後，工作隊踏步回營。跟往常一樣，我很高興看到父親。「許多房子都被夷為平地，」他說，「不過，庫房依然健在。」

下午，我們愉快地清理廢墟。

——

一星期後，我們下工回到集中營，發現一支黑色絞架聳立在集合廣場上。

我們奉命必須等到點名結束後才能吃晚餐。當天的點名比平日冗長，口令也更爲嚴峻，空氣裡飄盪著奇怪的回音。

「脫帽！」營長突然高聲大喊。

一萬頂橄欖帽一齊取下。

「戴帽！」

一萬頂橄欖帽以迅雷不極掩耳的速度重新蓋在頭上。

營門打開，SS走向我們並把我們團團圍住，每三步就有一名SS，所有的炮口與衝鋒槍都瞄準廣場。「他們擔心暴動。」朱里列克低聲說。兩名SS走向單人囚房，帶著一名犯人回來。囚犯是名來自華沙的年輕人，在集中營待了三年，他體格壯碩，跟我比起來簡直就像巨人。

他背向絞架，臉對著判官，也就是營長。他雖然憔悴，但似乎激動多於恐懼，牢牢銬住的雙手並未顫抖，雙眼冷冷盯著數百名SS以及四周成千上萬的囚犯。營長宣布判決，他強調每一個字眼：「奉希姆萊之名，第……號囚犯欲趁空襲時逃跑……根據法令第……條……第……號囚犯須處以死刑，並當眾行刑，以示警惕。」

大家靜止不動。

我聽見自己的心跳。

每天在奧許維茲和波克瑙的焚化爐裡，有數以千計的人走向死亡，這些都已教我麻木，但這位靠在絞架前受死的人卻讓我慌亂不安。

「這場典禮就要結束了吧？我好餓……」朱里列克低語。

在營長的指示下，囚監長走向死刑犯，另有兩名囚犯協助行刑，以交換兩碗湯。

囚監長想矇住死刑犯的眼睛，但是後者拒絕。

過了良久，劊子手在死刑犯的脖子上套住繩結，就在他想示意助手移開犯人腳下的椅子時，死刑犯平靜地吶喊：

「自由萬歲！我詛咒德國！我詛咒！我詛……」

劊子手完成他的工作。

一道命令像利劍般穿越空中：

「脫帽！」

萬名囚犯脫帽敬禮。

「戴帽！」

接著，全體囚犯都得走到絞刑犯面前，注視他黯然的眼睛與外吐的舌頭。囚監命令我們直視他的臉孔。繞場完畢，我們獲准回房用餐。我記得當晚的湯很美味……

我看過許多絞刑，但從未見過任何一名絞刑犯落淚。這些乾枯的身體早已遺忘淚水苦澀的味道。

除了一次。五十二電纜工作隊的監工是名荷蘭人，他身高超過兩公尺，像個巨人，指揮七百名囚犯，沒有一名囚犯領教過他的巴掌或是辱罵。

這監工有位貼身親信，一名小男孩，我們稱為「小助手」，他容貌細緻俊俏，在集中營裡極為罕見。

在布納集中營裡，人人都對小助手恨之如骨，他們常比大人更殘忍。有天我看到一名十三歲的小助手因為他的父親未妥善整理床鋪而出手痛打。其父輕聲啜泣，小助手竟還威脅道：「你若不馬上安靜下來的話，我就不給你麵包，聽懂沒？」不過荷蘭監工的小助手卻很討人歡心，他有張憂傷天使的臉孔。

有一天，布納電力站突然跳電，蓋世太保獲報，判斷為叛變。他們找到線索，矛頭指向荷蘭監工，同時，他們搜出了大量武器。

荷蘭監工立即被捕，並接連數週遭受嚴刑拷打，但他堅持不吐露任何人名。後來他被送到奧許維茲集中營，我們再也沒有他的消息。

不過，他的小助手親信仍留在布納，關在黑牢裡，也一樣遭受酷刑，一樣保持緘默。SS將小助手和另外兩名藏匿武器的囚犯判處死刑。

有一天，我們下工回來，看見廣場上豎起三支絞架，猶如三隻黑烏鴉。點名。SS持著衝鋒槍包圍我們，然後舉行一貫的儀式，三名受刑犯都帶著手銬，小助手也在他們之中，像個嵌著悲傷眼睛的天使。

SS似乎比平時更爲憂心，在數萬名觀眾前吊死小孩可不是件易事。營長宣讀完判決，大家的目光都落在小男孩身上。他一臉憔悴，幾乎平靜的樣子，咬著嘴唇，全身籠罩在絞架的陰影下。

這一次囚監長不想當劊子手，而改由三名SS行刑。

三個死刑犯一齊站在椅子上，三隻脖子同時探入繩結裡。

「自由萬歲！」兩名大人齊聲高喊。

小男孩卻安靜不語。

「慈悲的上帝到哪兒去了？祂在哪裡？」有人在我背後問道。

在營長的指示下，三把椅子一起倒下。

集中營裡一片死寂。夕陽正往地平線下沉。

「脫帽！」營長嘶吼著，而我們，我們開始哭泣。

「戴帽！」

開始繞場。兩位大人已經氣絕身亡，他們腫脹並呈藍紫色的舌頭伸出嘴巴外。不過第三條繩索還在動：小男孩因爲太輕了，還呼吸著……

他就這樣殘活了半個鐘頭，掙扎於陰陽兩界，我們被迫注視著他慢慢死去。當我經過他面前時，他還有氣息，舌頭鮮紅而且尚未瞑目。

在我身後，我聽到同個男人問道：「天啊，上帝到底在哪？」

我心底有個聲音回答他：「祂在哪裡？就在這裡，吊在這個絞架上……」

當晚的湯散發著僵屍的味道。

LA NUIT

五

夏天結束。猶太年已近尾聲。

猶太新年[1]前夕，這該死的一年的最後一天，每個集中營都籠罩在緊張的氣氛裡。畢竟這一天跟其他日子不同，這是一年的最後一天；「最後」這個詞變得弔詭，萬一眞的是最後一天？

晚餐分發下來，是濃湯，但沒人開動，大家都想先禱告。在被通電鐵絲網團團圍住的集合廣場裡，聚集著成千上萬保持緘默、一臉頹喪的猶太人。

入夜。各個牢房的囚犯紛紛湧入，似乎突然能戰勝時間與空間的阻隔。

「上帝，祢到底是誰？」我忿恨地想著，「與這群來到祢面前吶喊信仰、憤怒、不平的苦難人民相較，祢到底是誰？面對這些懦弱，面對這些腐朽，面對這些不幸，萬物之主的偉大意味了什麼？爲何還要折磨我們可憐人受創的心靈與殘破的軀體？」

約有一萬人參與這場莊嚴的彌撒，包括獄長、囚監以及所有服侍死神的集中營官僚。

「願上帝賜福……」主祭囚犯的嗓音忽隱忽現，我剛開始以爲只是風聲。

「美哉上帝之名！」

成千上萬的人重複朗誦，並像暴風雨中的樹木一樣彎腰曲膝。

美哉上帝之名？

爲什麼？爲什麼我要讚美祂？我全身每個細胞都在反抗。是因爲祂讓無數的小孩葬身在火坑裡？因爲祂讓六個焚化爐日以繼夜運作，就連安息日與節慶也不停歇？還是因爲祂以巨大的力量創造奧許維茲、波克瑙、布納以及其他的死亡工廠？我該對祂說什麼：讚美萬物之主的祢啊，祢從普羅眾生裡選中我們，讓我們日以繼夜不停地遭受折磨，讓我們眼睜睜看著自己的父母、手足消失於焚化爐裡？讚揚祢的聖名啊，我們獲得祢的青睞，成爲祢祭壇上的貢品？

在廣大群眾的淚水、啜泣、歎息聲中，我聽見主祭人提高嗓門，既強力又疲憊的聲音：

「全世界和整個宇宙都屬於上帝！」

他不斷打住，好像無法在自己說出的字句裡找到意義，旋律哽在喉嚨裡。

而我，往昔的神祕主義者，則是在想：是的，人類比上帝更強更偉大。當

1 譯注：猶太新年（Rosh Hashanah），約在公曆九月五日到十月五日間。

祢對亞當和夏娃感到失望時，祢把他們趕出天堂。當諾亞的同輩惹惱祢時，祢召喚洪水。當祢在索多瑪看不到應有的節操時，祢命令天空降下火與硫黃。但是看看這些被祢欺騙的人，祢讓他們受盡折磨、被屠殺、被送入瓦斯房，甚至活活燒死，他們做了什麼？他們只是在祢跟前祈禱，歌頌祢！

「每個生命體都能見證上帝的偉大！」

往昔，新年這一天深深影響我的人生。我知道我的罪惡傷了上帝的心，所以我祈求祂的寬恕。以前，我深深相信自己的每個舉動、每個祈禱決定了世間的救贖。

今天，我不再苦苦哀求。我失去哀悼的能力，但變得更加堅強。我雙目圓睜，踽踽獨行。我控訴上帝。我在這個世上極度孤獨，既無上帝亦無同類，缺愛也乏憐，除了灰燼之外什麼也不是。不過我卻自覺比曾經長久相繫的萬能上帝更加強大。今天的彌撒典禮上，我只是冷漠的旁觀者。

彌撒以《卡第緒》作結，每個人爲自己的父母、兒女、兄弟以及自己念《卡第緒》。

我們停留在廣場上久久不去，沒人想離開這虛幻的時光。等到上床的時候，大家才慢慢走回牢房。我似乎聽見許多人互祝新年快樂！

我跑回牢房與父親會合。我爲應該向他拜年而感到不安，因爲我再也不相信新年快樂。他彎腰靠著牆，雙肩好像扛著重擔，我走近並執起他的手親吻了一下。一滴眼淚落在我手上，是誰的淚水？我的還是他的？我沒說話，他也是，我們從未這麼有默契。

鐘聲把我們拉回現實，上床的時間到了。我們從遙遠的地方神遊回來，我抬起頭看著父親，他彎腰俯在我頭上，乾癟衰老的臉孔想擠出微笑或類似的表情，但是徒然，沒有任何表情。完全木然。

贖罪日[2]。

該不該齋戒？這個問題備受爭議。齋戒代表死得更確實迅速。我們在這裡

2 譯注：贖罪日（Yom Kippur），猶太新年的第九天。

幾乎一直禁食，等於一年到頭都是贖罪日。但是有些人卻以爲，愈是艱苦愈該實行齋戒，以跟上帝證明，即使身處水深火熱，我們還是能夠歌頌上帝。

我不行齋戒。首先是想討父親的歡心，因爲他禁止我齋戒。其次我找不到齋戒的理由，我對保持緘默的上帝很不以爲然，吞下湯汁以示抗議。

我繼續啃我的麵包。

在我的內心深處，祂變得空洞不重要。

慶祝新年的來臨，SS送給我們一個美麗的禮物。

我們從工地回來，一踏進集中營，馬上察覺空氣中飄浮著不尋常的東西。點名時間變得短暫，發湯的速度很快，囚犯在焦慮中吞下食物。

我和父親不再待在同一個牢房。我被編到另一個工作隊：營造工作隊，在那裡每天都得搬動沉重的石塊長達十二個小時。新牢房的獄長是個德國猶太人，身材嬌小，目光犀利。那天傍晚，他跟我們說，晚餐喝完湯後即不得離開牢房。不久後流傳著可怕的消息：淘汰競選。

我們都明白意思，會有一名SS檢查我們，若他找到虛弱的軟腳蝦，他將記下號碼：適宜送入焚化爐。

喝過湯後，我們在床鋪間聚會。老囚說道：

「你們眞幸運，這麼遲才來到這裡。跟兩年前比起來，現在的這裡活像天堂。布納曾是煉獄，沒有水、毯子，麵包和湯很少，晚上氣溫降到零下三十度，我們幾乎光著身子睡覺，每天清理上百具的屍體，工作很辛苦。現在則變成小天堂。以前囚監奉命每天殺死固定數量的囚犯，每週都有淘汰競選。毫不留情的淘汰……沒錯，你們眞幸運。」

「夠了！別說了！」我哀求他，「改天再說這些故事吧。」

他們縱聲大笑，到底是見過大風大浪的老囚犯。

「害怕了？我們也害怕過，以前的集中營才令人恐懼。」

老囚們待在角落，沉默不動，一副山窮水盡的樣子。有些則開始禱告。

剩下一個鐘頭。再過一個小時，我們將知道審判結果：死刑還是緩刑？

我父親呢？我這時才想起他。他要如何逃過淘汰競選？他如此衰老了……

我們的獄長自一九三三年就不曾踏出集中營一步，他見識過所有的屠宰場、死亡工廠。大約九點，他佇立在我們之間：

「注意！」

大家立即沉默下來。

「聽好我接下來說的，」我第一次聽到他發出顫抖的聲音，「再過幾分鐘就要進行淘汰競選。你們必須全身脫光，然後一個接一個經過SS醫師面前。我希望你們都能成功過關，但是你們得自行爭取機會。在進入隔壁房間以前，先做些運動來活動筋骨、恢復氣色。別慢慢走，盡量跑！像被魔鬼追得魂飛魄散一樣，拔腿就跑！別理會SS，向前衝就對了！」

他停頓了一下，接著說道：

「最重要的是，別害怕！」

我們都很想遵循這個建議。

我開始脫去衣衫，把衣服放在床上。今天晚上，衣服沒有被偷的危險。

跟我同時更換工作隊的提比和猶西兩兄弟過來告訴我：

「我們聚在一起，團結力量大。」

猶西嘴裡喃喃自語，應該是在禱告。我並不知道他相信上帝，我甚至以爲恰恰相反。而提比則滿臉蒼白不說話。獄所的囚犯都光著身體站在床鋪之間，這想必就是人類面臨最後審判的樣子。

「他們到了！」

三名SS軍官簇擁著大名鼎鼎的門格爾醫生，他曾在波克瑙爲我們做身體檢查。獄長努力擠出笑容，詢問我們：

「準備好了？」

是的，我們準備好了。SS醫生們也是。門格爾手裡握著一份名單，上面列著我們的號碼。他好像宣布遊戲開始一樣，跟獄長做出信號：我們要開始了！

首先通過的都是牢房裡的「大人物」：室長、囚監、工頭，他們個個體態強壯，想當然爾！接著輪到一般囚犯。門格爾醫生從頭到腳打量著犯人，偶爾記下號碼。我的腦裡只有一個念頭：千萬別讓他瞥見我的左手臂並記下我的號碼。

我前面只剩下提比和猶西。他們通過了，我剛好來得及注意到門格爾醫生並未記下他們的號碼。有人在背後推我，輪到我了，我不顧一切拚命往前跑，許多念頭浮在眼前：「你太瘦了、太弱了……太瘦了，是送進焚化爐的好料……」好像永遠也跑不完一樣，我覺得自己已經跑了好幾年……「你太瘦了、太弱了……」終於，我抵達終點，筋疲力盡。喘過氣後，我問提比和猶西：

「我被記下了嗎？」

「沒有，」猶西一邊笑一邊說，「總之他們沒法登記你的號碼，你跑太快了……」

我噗嗤笑了出來，感到無比快樂，同時好想親吻他們。在這一刻，任何事情都變得不重要，只要我的號碼沒被記下來。

被登記號碼的人聚集在一旁，好像被世界唾棄一樣，有些人默默啜泣。

SS離開，獄長出現在我們面前，臉上反射出大家的疲倦。

「進行得很順利，別擔心，沒人會被送走，沒人……」

他努力擠出笑容，一位乾癟瘦弱的猶太人顫抖著嗓音，急切地問道：

「不過……不過，獄長，他們記下我了呀！」

獄長發飆起來：什麼！囚犯竟然不相信他的話！

「怎麼回事？我難道欺騙你們？我告訴你們最後一次：你們之中任何人都不會有事！任何人！你們就只懂得絕望，白癡！」

鐘聲響起，表示集中營裡的淘汰競選已經結束。

我用盡全力跑向三十六房，不過在路上就遇見父親，他走向我：

「你過關了？」

「是的，你呢？」

「我也是。」

現在我們終於可以呼吸了！父親遞給我一個禮物：半份的麵包，是用他在庫房找到的橡膠換來的，橡膠可以拿來做鞋墊。鐘聲響起。我們必須分開，是上床的時候了。鐘聲操控一切，它對我發號施令，我盲目地自動執行。我恨它。當我夢想著美好的世界時，就只想著沒有鐘的世界。

數日過去，我們不再提起淘汰競選。我們一如往常工作，把笨重的石頭搬到火車上。唯一的變化是，糧食變得更少。

每天，我們比黎明起得更早。我們收到黑咖啡和一日份的麵包。我們照常走到工地。獄長跑著趕到：

「安靜一下，我手邊有一份號碼單，我現在立即念出來，所有被我叫到的人今早不用上工，留在集中營裡。」

然後，他以柔軟的聲調念出十餘個號碼。我們恍然大悟，他們雀屏中選，門格爾醫生並未忘記。

獄長走回房間，十餘名囚犯圍繞著他，緊抓著他的衣角：

「救救我們！您答應過我們……我們想去工地，我們還有力氣工作，我們都是好工人，我們能……我們想……」

他試著安撫他們，要他們放心，解釋著留在集中營並不代表什麼，更不意味悲劇的下場：

「我不就天天待在集中營裡……」

他的說法欠缺說服力，連他自己也察覺到。他不再多說，把自己關在房間裡。

鐘聲剛剛響起。

「排隊！」

現在工作再辛苦也不成問題，只要離牢房遠遠的，離死亡熔爐遠遠的，離煉獄中心越遠越好。

我看到父親往我的方向跑過來，我突然恐懼起來。

「發生了什麼事？」

上氣不接下氣的他幾乎無法啓齒。

「我也是……我也是……他們叫我留在集中營裡。」

SS趁他不注意時記下號碼。

「該怎麼辦？」我憂慮地說。

他反而想安慰我：「還不是很確定，還有一個機會，他們今天還要再進行淘汰競選，做出最後決定……」

我不再開口。

他感到時間不多，放快說話速度，他想告訴我很多事，卻變得口齒不清，話語都哽在喉嚨裡。他知道我再幾分鐘就必須離開，而他將只剩孤單一人，如此孤單……

「對了，收好這把刀子，」他說，「我再也不需要了，但它對你有用，還有這把湯匙，別轉賣，快點！收下它們！」

遺產……

「別說了，父親，」我快哭了，「我不想聽見你這麼說。收回湯匙和刀子，你跟我一樣需要它們。今天下工後，晚上我們還會見面。」

他用疲憊的眼神看著我，眼睛蒙上一層絕望的紗，他又說道：

「我要求你……收下它們，照我的話做，兒子，我們沒時間了。照父親的話去做……」

我們的囚監大聲吼叫，命令隊伍出發。

工作隊往集中營的大門前進。左，右！我咬著唇，父親杵在牢房旁，傍著牆，接著他開始奔跑，想趕上我，他大概忘了交待什麼……不過我們走得很快……左，右！

我們來到大門，在一片吵雜的軍樂聲裡開始清點人數，然後，我們步出集中營。

整整一天，我都像個夢遊者般遊蕩。提比和猶西不時給我打氣，囚監也試著要我放心，故意派給我較輕鬆的工作。我感到悲傷，他們對我多好，把我當孤兒一樣照顧。我還想，即使在這一刻，父親依然助我一臂之力。

我不知道自己希望白晝盡速消逝還是緩緩流瀉。我害怕這晚即將孤獨一人。要是現在死在這裡就好了！

我們終於步上歸途。我多麼希望有跑步的命令！

行軍。大門。集中營。

我奔向三十六房。

世界上果眞還有奇蹟？他活著，他逃過第二次淘汰競選，證明自己仍然有用……我把刀子和湯匙還給他。

杜呂梅則離開了我們，他是淘汰競選的受害者。在最後一段時光，他失魂落魄到處遊走，雙眼無神，逢人就說自己的軟弱：「我受不了……一切都完了……」誰也沒法說服他振作一點，他聽不進去我們的話，只是不斷重複一切都完了，他沒法堅持到底，缺乏力量也喪失信心。他的眼睛突然變得空洞，好似兩個張開的瘡疤，兩口恐怖的井。

他並不是這段淘汰時期裡唯一失去信心的人。我認識一位來自波蘭鄉下的老猶太教士，彎腰駝背，齒牙動搖，他隨時隨地都在禱告，在牢房裡、在工作中、在隊伍內。他憑著記憶力朗誦整部《猶太法典》，並跟自己討論，自問自答無數次。有一天，他跟我說：

「完了，上帝不再與我們同在。」

接著，他好像懊惱自己竟說出如此冷淡嚴峻的話，又低聲說道：

「我知道，我們沒有權利說這些東西。我很清楚，人類太過渺小、太過卑微，無法領悟上帝的神祕作爲。但是，我能怎麼辦？我不是聖賢，只是個有血有肉的生命。我的身心都陷入煉獄。我也長著眼睛，看得見這裡發生什麼事。

天主的仁慈在哪裡?上帝在哪裡?教我如何相信還有慈悲的上帝?」

可憐的杜呂梅,如果他繼續相信上帝,將這個磨難視爲上帝的考驗,他就不會被淘汰出局了。他覺察出信仰出現裂痕,而且馬上喪失奮鬥的理由,開始走向滅亡。

在淘汰會上,他未戰先降,自行把性命交給劊子手。他只請求我們:「三天後,我將離開人世……請爲我念《卡第緒》。」

我們答應他:三天後,當我們看到煙囱升起黑煙時,將一起悼念他。我們會組成十人特別彌撒,他的友人都將爲他念《卡第緒》。

於是,他走了,向醫療所而去,步履幾近堅定,未回過頭一次。救護車等著把他載往波克瑙。

後來的日子過得更加悲慘,我們挨打的次數比嚥下的食物多,也被繁重的工作壓垮。三天後,我們忘了念《卡第緒》。

冬季已至。白晝變短，黑夜難消。黎明時分的寒風像皮鞭抽打我們，把我們撕成碎片。我們獲得一些冬衣：厚一點的條紋衫。老囚又找到冷嘲熱諷的機會：

「現在你們終於要嘗到集中營的滋味！」

我們帶著凍僵的身體照常出門工作。石頭也變得異常冰冷，只要一碰到手，它就黏住不放，不過，我們對這也習慣了。

聖誕節和新年兩天不需工作，我們也獲得一盤比平常稍為濃稠的湯。

幾近一月中旬，我的右腳因爲天氣過於寒冷而腫脹，我無法站起來，必須去醫務室。醫生是名高大的猶太人，跟我們一樣也是囚犯，他斷定：「必須動手術！如果繼續拖延不治，腳趾甚至整條腿都要切除。」

多恐怖的消息！但是我沒有其他選擇。醫生認爲非動手術不可，我還因爲是他做出決定而感到高興。

我被安置在一張鋪著白色床單的床上。我已經遺忘人是睡在床單上的。醫務室的生活舒適多了。我們有權獲得品質較佳的麵包和較濃稠的湯，鐘聲不再，不用點名，也不需工作。我偶爾還轉送給父親一些麵包。

在我身旁躺著一名匈牙利猶太人，他罹患痢疾，瘦得只剩皮包骨，眼睛也瞎了。我只能聽見他的聲音；聲音成爲他唯一的生命跡象。他怎麼還有力氣說話？

「別高興得太早，小子，這裡也有淘汰競選，甚至比外面更頻繁。德國人不需要病懨懨的猶太人，德國人不需要我。等到下批新人抵達，你就會有新鄰居。所以聽好，照我的話做：在淘汰賽前離開醫務室！」

這些話好像從墳墓裡竄出，來自沒有臉龐的形體，令我恐懼。的確，醫務室空間狹小，如果有新病人進來，必須騰出空間。

但也許我那位沒有臉孔的鄰居害怕成爲第一批受害人，想先趕走我，空出床鋪好留他一線生機。或許他只想嚇唬我。然而，要是他說的是實話？我決定靜觀事情的變化。

醫生告訴我明天爲我動手術。

「別怕，」他又說，「一切都會進行得很順利。」

上午十點，我被帶到手術房，「我的」醫生已在那裡。我放心多了，覺得只要有他在場，一切都會很順利。他說的每句話都令我安慰，每個眼神都給我希望。

「會有點痛，」他告訴我，「不過一下就過去。勇敢點。」

手術進行一個小時，他們沒替我麻醉。我一直盯著醫生看，然後，我感覺自己往下沉……

當我恢復知覺，睜開雙眼，首先映入眼簾的是一大片白色，是我的床單。然後我醫生的臉龐探出在我的上方：

「手術進行得很順利，你很勇敢，小子。你將待在這裡兩個星期，充分休養，恢復體力。盡量吃，讓身體和精神放輕鬆……」

我只能看著他嘴唇一開一閉，無法理解他的話。不過，他的語調讓我感到很舒服。忽然，我冒出冷汗：我感覺不到大腿！他們切除我的腿？

「醫生，」我結結巴巴說，「醫生？」

「怎麼了？」

我沒有勇氣問他。

「醫生，我好渴……」

他幫我倒水，並對我微笑，準備出去探視其他病人。

「醫生？」

「什麼事？」

「我還能不能使用大腿？」

他不再微笑，我好害怕，他說：

「小子，你相信我嗎？」

「非常相信，醫生。」

「很好，聽著：兩星期後，你就會完全康復，跟正常人一樣行走。你的腳掌都化膿，我必須取出膿汁，但沒有切除你的腿。你等著看，再過兩星期，就可以跟常人一樣散步。」

我要做的就是再等兩星期。

不過，手術兩天後，就有流言傳出前線向集中營逼近，蘇聯紅軍正急速往布納而來，他們遲早會拿下布納。

我們對這類傳言習以爲常。這並非第一次僞先知宣布：世界和平即將到來，紅十字磋商如何拯救我們，或是諸如此類的無稽之談……但通常，我們還是信以爲眞……就像一劑嗎啡。

只是這一次的預言似乎比較確實。最後幾晚，我們甚至聽見炮火隆隆作響。

我那位沒有臉孔的鄰居又說話了：

「別被幻象矇騙，希特勒說過他要在喪鐘敲響十二下前消滅每一個猶太人，他不想讓猶太人聽到最後一響。」

我忍不住回答：

「那又如何？難道要把希特勒奉爲先知？」

他黯然的眼睛瞪著我。最後他不耐煩說道：

「我對希特勒比對任何其他人更有信心，他是唯一對猶太人遵守承諾的人。」

當天下午四時，依照慣例，鐘聲把所有的獄長都叫去開會。

他們回來，神情震驚，幾乎無法言語，只能說出「撤退」這個字眼。集中營必須清空，我們得往後方遷移。但到哪裡？德國內地的某處，到另一個集中營。反正到處都有集中營。

「什麼時候？」

「明天晚上。」

「也許蘇聯軍隊會先到達……」

「也許。」

但我們很清楚這是不可能的。

集中營變成一只繁鬧的蜂窩，大家東奔西跑，相互詢問，每間牢房都為準備上路而忙碌。我忘記了腳傷。一名醫生走進來宣布：

「我們明天入夜就出發，牢房將依序清空。傷患不用撤退，可以繼續留在醫務室。」

這件消息啓人疑竇。SS會把囚犯留在醫務室，讓我們等候解放？他們允許猶太人聽見鐘聲敲響第十二下？

當然不。

「所有的傷患都會被當場處死，」無臉人這麼說，「成爲最後一批扔到焚化爐的燃料。」

「集中營一定埋了地雷，」另一位仁兄說道，「一旦撤退完畢，整個集中營都會炸掉。」

而我，我並不擔心死，只是想著千萬不能離開父親。我們已共同歷經這麼多的苦難，絕不容在這一刻分離。

我跑到外頭，尋找他的蹤影。雪積得很厚，牢房的窗戶都罩著一層白霜。我的右腳套不下鞋子，於是提著一隻鞋，一路奔跑，不感到疼痛也不覺得寒冷。

「我們怎麼辦？」

父親沒有回答。

「我們該怎麼辦？」

他陷入沉思。現在選擇權操在我們的手中，我們第一次可以決定自己的命運。若要兩人都留在醫務室的話，我可以拜託我的醫生讓他以病人或護士的身分溜進來。或者我們跟隨其他人一起離開。

我決心追隨父親，不管到任何地方。

「父親，我們該怎麼辦？」

他不發一語。

「跟其他人撤離吧。」我告訴他。

他沒馬上回答我的話，卻看著我的腳。

「你覺得自己還可以走路？」

「我相信可以。」

「但願我們不會後悔才好，埃利澤。」

等到大戰結束，我才知道留在醫務室的人的命運。很簡單，我們撤走兩天後，他們全被蘇聯軍隊解放。

我沒返回醫務室，而回到原來的牢房。我的傷口裂開流血不止，被我踏過的雪地都染成紅色。

獄長發送兩日份的麵包和瑪淇淋，作爲行軍之用，我們也可以任意取用倉庫裡的衣物裹身。

天氣嚴寒，大家都盡早上床。布納的最後一夜。又一次最後一夜。待在家裡的最後一夜，猶太特區的最後一夜，火車裡的最後一夜，現在又多了一個最後一夜：布納的最後一夜。我們生命裡還能熬過多少個「最後一夜」？

我輾轉難眠，透過白霜朦朧的窗戶，還看得見紅色亮光，炮火隆隆劃破寂靜的黑夜。蘇聯軍隊離我們多近啊！他們和我們之間只有一夜相隔：我們的最後一夜。傳言圍繞在床鋪間：蘇聯軍隊也許在我們撤走前趕到。希望仍在苟延殘喘。

有人喊：

「睡一下吧，我們還需要力氣趕路。」

這讓我回想起母親在猶太特區的最後叮嚀。

不過，我怎麼也睡不著，我感到腳異常灼熱。

到了早晨，集中營完全變了樣。囚犯們奇裝異服，好似化妝舞會。每個人都套上一層又一層的衣服好禦寒。可憐的我們，衣服或太寬或不夠長，生不生、死不死的樣子，層層囚衣裡伸出的是鬼魅的臉孔。一群丑角。

我盡力找到尺寸較大的鞋子卻枉然，只好撕下毯子做成裹腳布，把受傷的腳綁好。接著，我走到營區四處，試著找到多一點麵包和馬鈴薯。

有人說，我們會被送往捷克，有人認爲是格羅羅森（Gros-Rosen），有人以爲是格萊維茲（Gleiwitz），有人覺得是……

下午二時，大雪下個不停。

現在時間過得更快，轉眼間已是黃昏時分，白晝迷失在灰暗裡。

獄長猛然想到牢房尚未清理，他命令四名囚犯去拖地……但在出發一個鐘頭前！

爲什麼？爲了誰？「爲了解放軍，」他說，「要讓他們知道這裡住的是人而非豬玀。」所以我們算是人？牢房都徹底打掃，甚至死角都被洗淨。

六點，鐘聲響起。喪鐘。葬禮。送葬隊伍即將出發。「排隊！快！」

短短數秒鐘，我們以牢房爲單位排好隊伍，夜幕剛剛垂下，一切都依計畫井然有序地進行。

照明燈亮了，數百名帶著警犬的ＳＳ從黑暗裡現身。雪下個不停。

集中營大門敞開，在外頭等著我們的夜似乎更加漆黑。

第一間牢房的囚犯開始移動。我們繼續等著。我們必須等待前面五十六間牢房的人都步出大門後才能出發。天氣寒冷，我的口袋裡裝著兩塊麵包，我好想吃，但是不行，現在還不行。

即將輪到我們：五十三牢房……五十五牢房……「五十七牢房，向前走！」

雪不停地下著。

LA NUIT

六

寒風呼嘯，我們無動於衷地前進。

SS催促我們加快腳步。「走快點，賤狗死鴨！」有何不可？走快點可以使人暖和，促進血液循環，讓我們有活著的感覺……

「走快點，賤狗！」我們並非行走而是跑步，好像機器人。SS操著槍跑步，我們看起來好像在他們前方逃命。

黑夜。夜裡偶爾發出槍聲，他們奉命槍斃那些落後的人，手指按在槍上，他們不吝於扣下扳機。我們之中若有人停頓一秒鐘，一顆快速的子彈便了結賤狗的生命。

我機械性地跨出一腳又一腳，拖著骨瘦如柴卻仍嫌沉重的身子，眞希望我能擺脫它！雖然我盡力別去想，我還是感覺到自己一分爲二：我的身體和我。我好恨這具身體。

我不斷告訴自己：「別多想，別停止，跑！」

離我不遠處，有些人倒在污穢的雪地上。一陣掃射。

某個叫札爾曼的波蘭年輕人走在我身邊，他也曾在布納的電器材料庫房工作。我們很愛取笑他，因爲他不是禱告，就是思索《猶太法典》的問題。他用這種方式逃避現實、對挨打無動於衷……

他忽然胃抽筋，「我的肚子好痛，」他喘著氣說。他無法繼續下去，必須停一下，我求他：

「再忍一會兒，札爾曼，再過不久就會停下來，我們不可能一直跑下去。」

不過，他一邊跑一邊脫褲子，並對我叫道：

「我忍不住了，我肚子要爆開了……」

「撐著點，札爾曼……再撐一……」

「我撐不住。」他呻吟著。

他脫下褲子，倒在地上。

這是他留在我腦海裡的最後影像。我不認爲是SS殺了他，因爲沒人看到。他應該是死在後頭千萬人的腳下。

我很快就遺忘他，又只想到自己。因爲腳痛，每一個步伐都讓我疼得發抖。再幾公尺一切便將結束，我會倒在地上，微小的火花……槍聲。我被死亡包裹得幾乎無法呼吸，它緊緊貼著我，我覺得可以觸摸到它。死亡的念頭、不再存在的念頭開始令我著迷。不再存在，不再感覺腳痛，什麼也感覺不到，不再感到疲憊或寒冷，脫離隊伍，往路邊去……

唯一讓我不捨的是父親……他在我身旁跑著，上氣不接下氣，筋疲力盡，一副窮途末路的樣子。我不能死，沒有我他該怎麼辦？我是他世上唯一的支柱。

這些思緒占據了我好一會兒，讓我忘了麻木的腿，甚至沒有奔跑的知覺，沒有意識到自己的身軀跟著其他成千上萬的軀體跑步。

當我回復知覺之後，試著放慢腳步，但根本不可能。滔滔不絕的人潮有如洶湧的……海嘯，能把我像螞蟻一樣壓死。

我就好像夢遊一般。有時我闔上眼瞼，彷彿邊跑邊睡，偶爾被後方人潮猛然撞醒，他們會說：「跑快點，不然讓路給別人！」但我只想閉上雙眼，讓全世界歷歷在目，夢想另一個人生。

永無止境的路途，任由人潮推擠，任由盲目的命運拖扯。SS若累了，有新的人替代，但我們，沒人替代我們。我們的四肢凍僵，喉嚨乾渴，飢餓，喘息，但我們依然繼續跑。

我們是大自然的主宰，世界的主人，我們遺忘死亡、疲累、天生的需求，我們比飢寒更強，比子彈和尋死的欲望更悍，注定要流浪，什麼也不是就只是簡單的號碼，我們是世上唯一的人類。

灰濛濛的天際終於出現晨星，微微的亮光散發於地平線外。我們再也跑不動了，我們使盡力氣，也用罄幻覺。

指揮官告訴大家已經跑了二十公里。我們早就超越疲倦的極限，但雙腳仍能機械性運作，甚至完全脫離我們的控制。

我們穿越某個被遺棄的村落，沒有活人，不聞犬吠，房子門戶大開。有些人脫離隊伍，想溜進已無人煙的房子裡。

又走了一個小時，終於下達休息的命令。

我們好像共有一個身軀，一齊癱倒在雪地上。父親搖著我：「別在這裡……起來……到遠一點，那邊有一個倉庫……來……」

我沒力氣也不想站起來，但還是照他的話做。這並非倉庫而是磚工廠，屋頂都已坍塌，窗戶也都破碎，牆壁積著厚厚一層炭垢，並不容易進去，好幾百名囚犯在門前爭先恐後推擠。

我們終於進去。裡面雪也積得很厚，我倒在地上，在這一刻，我才感到自己筋疲力盡。地上的積雪猶如柔軟溫暖的地毯，我沉入夢鄉。

我不知道自己睡了多久，片刻還是一個鐘頭？當我醒來時，一隻冰冷的手正拍打我的臉頰，我試著睜開眼睛：是我的父親。

經過了昨夜，他變得好蒼老！他佝僂著變形的身軀，目光僵硬，嘴唇乾縮腐爛，看起來疲乏不堪。他的聲音沮喪，猶如被淚水和白雪浸濕：

「千萬別睡著，埃利澤，在雪地裡睡覺很危險，很容易一覺不醒，來，我的小兒子，站起來。」

站起來？教我怎麼捨得？我怎能離開這麼舒服的絨被？我聽見父親的話，不過它們對我來說都毫無意義，就好像他要我一手扛起整間倉庫一樣不可思議……

「來，我的愛兒，來……」

我咬緊牙根站起來，他用手臂撐著我，把我帶到外頭。與進來的情況類似，我們越過重重障礙才走出來。在我們的腳底下，躺著許多被踩扁的人，奄奄一息；大家都漠然以對。

我們來到外面，寒風鞭打著我的臉孔，我不斷咬著嘴唇以免它凍僵。我的周圍似乎跳起死亡之舞，令人暈眩。我走在墳場裡，到處都是僵硬得像木頭的軀體，聽不見慘叫或怨聲，只是靜悄悄地集體垂死。無人請求援助，我們死去只因爲必須死亡，不做任何抵抗。

在每個僵硬的軀體裡，我看到自己的倒影。很快的，我將看不到他們，而變成他們其中一個，這只是遲早的問題罷了。

「走吧，父親，我們回去倉庫……」

他不發一言，也不看死屍一眼。

「走吧，父親，待在那邊較好，我們可以靠著躺一會兒，我們可以互相照顧，隨時把對方叫醒，別讓彼此睡著。」

他接受了。踩過無數的軀體和屍體之後，我們終於又走進倉庫，隨地而倒。

「別擔心，小兒子，睡吧，你儘管睡，我守護著你。」

「你先睡，父親，睡吧。」

他拒絕我，我平躺下來試著打盹，但睡不著。天曉得我願意付出一切只爲一盹！不過，在我心底，我其實知道睡著等於死亡，有一部分的我極力抗拒這種死。在我的四周，死亡安然寂靜地籠罩下來，它攫獲沉睡的人，滲入他們，再一點一滴吞噬。我身邊有個人試圖搖醒旁人，也許是他的手足或是朋友，卻枉然。因爲受挫於白費的力氣，他也傍著屍體沉沉睡去。誰叫醒他？我伸直手臂觸摸他：

「醒醒，別睡著……」

他微微張開眼：

「別勸我，」他虛弱無力地說，「我不行了，別理我，走開。」

父親也開始打盹，他的帽子蓋住臉，我看不到他的眼睛。

「醒醒。」我在他耳邊輕輕說著。

他突然驚醒，坐起來看著身旁，一片茫然與恐慌。他用孤兒般的眼神環顧四周，好像下定決心清點他的世界一樣，想知道自己身處何方，發生了什麼事以及爲什麼。接著，他笑了起來。

我永遠也忘不了這個笑容，它來自我不知道的某個世界。

雪繼續下著，厚重的雪花掉在屍體身上。

倉庫的大門倏地打開，出現一位老頭子，鬍子布滿冰霜，嘴唇凍得發紫，是來自波蘭小鎮的猶太教士艾里亞伍。他心地很好，備受集中營上下的愛戴，連囚監、獄長也不例外。儘管歷經滄桑，他的臉龐依然閃耀著內在的純淨。在布納，他是唯一沒人敢戲謔爲「蠢教士」的猶太教士。他好像古老時代的先知，總是待在需要他撫慰的群眾裡，而且奇怪的是，沒人抗拒他的安慰之詞，它們的確達到安撫的效果。

他走進倉庫，雙眼比平時更加雪亮，正在尋覓某人的蹤跡。

「你們有沒有看到我的兒子？」

他在慌亂的人群裡與兒子分散，在奄奄一息的軀體裡尋遍兒子未果，又掘開積雪想翻找兒子的屍體卻還是徒然。

整整三年，他們同甘共苦一路走來，一起面對挨打、配給，一同禱告。三年來，他們換過無數的集中營，逃過無數的淘汰競選，而現在，當盡頭已在眼前時，命運卻將他們拆散。

艾里亞伍教士走到我身旁，低聲說著：

「我們在趕路的途中失散。在行進的隊伍裡，我落在後面，快跑不動了，但我的兒子並沒發覺。他在哪裡不見的？我到哪裡可以找他？您也許在某處見到他？」

「沒有，艾里亞伍教士，我沒看到他。」

他走了，就跟他剛過來時一樣，像被風刮去的影子。

當他跨出門口，我才想起曾看到他的兒子跑在我身邊。我剛剛忘了這件事，所以沒向艾里亞伍教士提起。

然後，我回想到另一件事：他的兒子看到他父親迷失在人群中，一跛一拐，在隊伍裡遙遙落後。其實他都看到了，但是他繼續跑在前面，任兩人的距離越來越遠。

一個可怕的念頭突然竄進我心裡：他想擺脫自己的父親！他知道父親越來越衰弱，而且相信盡頭已在眼前，所以想利用這場分散解除重擔，加大自己生存的機會。

幸好我忘了這件事，我很高興艾里亞伍教士繼續尋找他的寶貝兒子。

然而我竟無法自主地對著我不再相信的上帝禱告：

「我的上帝，萬物之主啊，請賜予我力量，讓我永遠不會做出艾里亞伍教士的兒子做過的事。」

外面的院子呼喊聲連連，黑夜已經降臨，SS發出重整隊伍的命令。

我們再度出發。往生者留在院子裡，覆蓋著白雪，猶如慘遭殺害卻未被安葬的忠貞守衛。無人爲他們朗誦祭文，兒子離棄父親的遺骸卻未掉下一滴眼淚。

路上一再飄雪，不停地飄雪。我們走得很慢，警衛似乎也累了。我受傷的腳不再疼痛，它可能完全凍僵了。我感覺失去了這隻腳，它像車輪脫離車子一樣離開我的身軀。算了，我必須接受事實：靠一隻腳活下去。最重要的是別多想，尤其在這個關頭，把雜念留給以後。

我們的隊伍不再遵守紀律，每個人按照自己的意願與能力前進。我們沒聽見槍聲，警衛應該也疲憊了。

然而，死神並不需要警衛的協助。寒冷善盡其職，每個步履都有人不支倒地，不再受苦受難。

偶爾，騎著摩托車的SS軍官對著越來越木然的隊伍打氣：

「撐住！我們快到了！」

「打起勇氣！再幾個小時就到了！」

「我們就要到格萊維茲了！」

這些激勵的話語，即使出自劊子手的口中都讓人舒服。沒人想在距離終點如此近時自暴自棄。我們望著天際想找到格萊維茲集中營的影子。我們只想盡快到達那裡。

入夜。雪停了。我們又走了數小時才抵達終點。我們一直等到置身大門時才赫然發覺集中營就在眼前。

囚監盡快把我們安頓到營房裡，大家爭先恐後，好似那是最佳的避護所，是通向生命之路。我們踏過痛楚不堪的軀體上，踩在五官不整的臉孔上；沒有尖叫，只是幾聲呻吟。父親和我也被這股浪濤席捲倒地，在我腳下，某人吐出嘶啞的喘息聲：

「你們會把我踩碎……可憐我！」

一個似曾相識的聲音。

「你們會把我踩碎……可憐可憐我！」

同樣微弱的聲音、同樣的呼喊我曾在某處聽過。這個聲音曾經對我說話，但是在哪裡？什麼時候？許多年前？不，一定是在集中營。

「可憐我！」

我感到自己正壓在他身上，讓他無法呼吸，我想站起來，試著離開他的身體，好讓他重新呼吸。但我自己也被別人壓得喘不過氣。我的手指甲掐進陌生人的臉孔，我猛咬周圍的人好探得吸氣的空間。沒人叫喊。

我忽然回想起來，是朱里列克！那位來自華沙、在布納軍樂團拉小提琴的男孩……

「朱里列克，是你嗎？」

「埃利澤……二十五鞭……是的，我還記得。」

他不再說話，沉默了好長一會兒。

「朱里列克？你聽到嗎，朱里列克？」

「我聽到了，」他虛弱地說，「幹嘛？」

他並沒死。

「你還好嗎，朱里列克？」我問，想聽到他的聲音、知道他還活著，遠勝於獲得他……的答案。

「好，埃利澤……還好……缺乏空氣……很累。我雙腳都腫了，能休息眞好，但我的小提琴……」

我想他瘋了，到這種關頭還提起小提琴？

「什麼，你的小提琴？」

他喘著氣說：「我好……害怕……小提琴……被人打碎……我……把它帶在身上。」

我沒法回答。有人躺在我身上，悶住我的臉，我不能用嘴巴，也不能用鼻子呼吸。我的前額和後背都大量冒汗。完了，路已到盡頭。悶死，靜謐的死亡，無法喊叫或求得援助。

我試圖逃脫看不見的殺手，求生的欲望都匯集在十個指甲上，我拚命亂抓，只為搏得一口空氣。我扯裂腐敗的肉體，但它卻沒有反應；我無法移動壓在胸口上的軀幹。我搏鬥的對象是不是個死人？誰知道？

我永遠也不知道答案。但我終於搏鬥成功。我在垂死和已死的人牆裡鑿出一個洞，這個洞讓我獲得了一點點空氣。

「父親，你還好嗎？」我能開口說話了，馬上問他。

我知道他應該離我不遠。

「好！」一個遙遠的聲音答道，好像來自另一個國度。「我要睡一下。」

他要睡一下。他是對還是錯？我們能在此處睡覺？卸下防衛不是很危險的事？哪怕只是一瞬間？死亡之神隨時可能擊倒我們？

正當我這麼思索時，我聽到小提琴的聲音。在死人壓住活人的漆黑營房裡，出現了小提琴的聲音？是哪個瘋子在這裡、在自己的墳墓邊拉起小提琴？那是我的幻覺嗎？

是朱里列克。

他拉了一段貝多芬小提琴協奏曲，我從未聽過如此純美的聲音，在如此寂靜裡。

他怎麼離開人堆的？從我身體下挪開而我卻渾然不知？

漆黑一片。琴聲是我唯一聽到的聲音。朱里列克的靈魂變成了琴弓，他演奏著自己的人生，他全部的生命都從琴弦間流瀉而出：他失落的希望，他苦難的過去，他死去的未來。他演奏著再也無法演奏的樂章。

我永遠無法忘記朱里列克。教我如何忘卻這場獻給已死與垂死者的音樂會？即使直到今天，當我聽到那段貝多芬的音樂，我閉上雙眼，在漆黑中，仍舊會浮現出這位波蘭兄弟蒼白悲哀的臉孔，他對著瀕臨死亡的聽眾拉著小提琴道別。

我不知道他拉了多久。我不知不覺睡著，當我醒來時已是白天，發現朱里列克蜷縮在我的對面，他已經撒手歸天。踩得稀爛的小提琴躺在他身邊，像一具奇特的屍體，但令人哀痛。

我們留在格萊維茲集中營三天。三天都不吃不喝，並且嚴禁離開營房。SS站在門外看守。

我又餓又渴，光看別人的模樣就能想像自己看起來很髒亂。我們早就吃完從布納帶出來的麵包，誰知道什麼時候才能領到下一頓糧食？

前線跟著我們。我們再度聽到砲火，它們似乎離得很近，不過，我們已失去力氣與勇氣去想像：納粹來不及撤離我們而俄軍就要抵達。

我們聽說自己將被遷移到德國中央。

到了第三天破曉時分，我們被趕出營房。我們替自己披上數件毯子，好像蓋著祈禱巾一樣。我們被帶到把集中營一分爲二的門前，SS已經站在那裡。隊伍裡流傳著又要舉行淘汰競選！

SS軍官開始歸類：衰弱的人到左邊，走得動的人到右邊。

我父親被歸到左邊，我尾隨他。一名SS軍官在我背後大吼：

「回來！」

我鑽進人群裡，數名SS開始追趕我，引起一片混亂，許多分到左邊的人趁亂回到右邊，父親和我也是其中之一。這期間有幾聲槍響，造成一些死亡。

我們被帶出集中營，經過半小時步行，來到被鐵軌穿越的曠野中央。我們要在這裡等待火車。

大雪紛飛。坐下或移動都被禁止。

厚厚雪片開始在我們身上的毯子屯積。麵包發下來了，一如往常的量，大家搶著領取。有人動念吃起雪花解渴，不久其他人便群起仿效。既然不能蹲坐下來，大家只好拿出湯匙，舀起鄰人背上的積雪來吃。一口麵包一匙白雪，這等景象惹得ＳＳ咯咯笑起來。

數小時過去了。我們因爲癡癡望著火車出現在地平線上，眼睛疲累不已。火車直到深夜才抵達，是一列無盡漫長、掛著無頂載運牲畜車廂的火車。ＳＳ把我們推上車，每節車廂載了百餘人：我們如此乾瘦！

登車完畢，列車啓動。

LA NUIT

七

我們緊緊相依偎以抵禦嚴寒，腦海裡既空洞又沉重，盡是一團團發霉的回憶。冷漠讓心智變得麻木，在此處或是他方死亡，有何區別？今天、明天還是再晚點死去，又如何？夜晚變得漫長，漫長到無止無盡。

當天際出現晦澀的亮光，一片人海映入眼簾，陷在雙肩裡的頭顱，軀體蹲伏著，一個疊著一個，猶似覆雪的墓地。在剛破曉的曙光中，我試著從他們之間認出活人與死人，卻看不出兩者有何不同。我定定注視著其中一個雙眼圓睜但眼神空洞的人，他蒼白的臉龐披著一層霜雪。

父親裹在毯子裡，蜷縮在我身邊，他的肩上覆蓋著厚厚的積雪。假如他也死了？

我叫他，沒有回應。我快要哭喊出來了，卻沒有力氣。他一動也不動。

突然一個念頭襲上：再也沒有活下去的理由了，沒有奮鬥的理由了。

火車停在寂寥的曠野中。突如其來的停頓驚醒幾名睡漢，他們站直身子，訝異地環顧四周。

外頭，SS邊走邊咆哮：

「把死人扔出來！所有死屍，弄到外面！」

還活著的人很興奮，他們將獲得更多的空間，很多人自動加入丟死人行列，觸探那些仍蹲著的人。

「這裡還有一個，帶走！」

他們褪下他的衣物並貪婪地瓜分起來，接著兩名「掘墓人」一人扛頭一人抬腳，像丟麵粉袋一樣把他扔出車外。

到處都聽見叫喊。「來啊！這裡也有一個！我的鄰居不動了……」

直到有兩個人走近父親，我才從麻木的狀態裡清醒過來。我趕緊撲在他身上，他全身冰冷，我拍打他的臉頰，搓揉他的雙手，叫道：

「父親！父親！醒醒，有人要把你扔出車廂……」

他的軀體毫無生氣。

那兩名「掘墓人」一把揪住我：

「別管他，你沒看到他已經死了？」

「沒有，」我叫著，「他沒死！沒死！」

我開始使勁打他，過了一會兒，我的父親睜開眼皮，露出呆滯的眼神，並虛弱地呼吸。

「看吧！」我大喊著。

這兩人於是離開。

我們的車廂總共卸除二十具屍體。不久後，火車重新上路，任數百名赤身裸體的孤零零之人散落在遍地是雪的波蘭原野上，無人爲他們立墳。

我們不再領到食物，只靠吃雪過活，把雪充當麵包。白晝好像黑夜，黑夜則把它的殘渣留在我們的靈魂裡。火車緩緩前進，經常停留數小時再重新出發。雪依舊下個不停。我們日以繼夜躺著，一個疊一疊，不發一語。我們只剩凍僵的軀體，眼睛闔上，等待在下一站遺棄死屍。

十天十夜的旅程。我們有時穿越德國鄉鎮，通常都在大清早，正當工人前往工作的途中，他們會停住腳步，毫不訝異地目送我們。

有一天火車停下來時，一名工人從袋子掏出一塊麵包，把它扔到車廂裡，引起一陣混亂，十幾名飢民爲了幾口麵包相互殘殺。德國工人很喜歡觀看這種表演。

多年以後，我在葉門的首都亞丁目睹類似景象。我搭乘了一艘渡輪，上面的乘客很喜歡丟錢幣給當地人，讓他們潛入水中爭拾。一位擁有貴族架勢的巴黎仕女就這樣玩得不亦樂乎，我發現兩名男孩在水中爭得你死我活，其中一位掐著另一位的脖子，我於是請求她：

「拜託，我求您別再丟錢了！」

「為什麼不？」她說，「我樂於施捨……」

麵包掉在車廂裡，引發一場戰爭，大家你推我擠，相互踐踏、撕扯，猶如沒有束縛的禽獸，眼裡閃爍著凶殘的恨意。大家都變得身手矯健，牙齒與指甲

都如利刃般尖銳。

一群工人和好奇的過客聚集在火車旁，他們大概從未見過載著這般貨物的列車。不久，麵包屑便飄散在車廂四處，觀眾們注視一群瘦如骷髏的人為了掙得一口麵包而相互殘殺。

一塊麵包掉入我們的車廂裡。我打算靜觀不動，自知缺乏足夠的力氣與十餘名發狂的男人纏鬥。我瞧見一位老人四肢趴爬在附近地上，他剛剛逃脫混亂的爭戰，一手貼著心臟。我起先以為他胸口挨了一拳，後來才明白：他把麵包藏在上衣底下。說時遲那時快，他急速取出麵包放入嘴裡。他的雙眸亮了起來，鬼臉般的微笑照亮他灰白的臉；但馬上消失無蹤。一個黑影出現在他身邊，撲向他，老人被痛毆一頓，大聲哭叫：

「梅伊，我的小梅伊，你不認得我了？我是你父親……你弄傷我……你會殺死父親……我的麵包……也有你的份……也有你的份……」

他不支倒地，手裡仍緊緊抓著一小塊麵包。他本想放入嘴裡，但另一個黑影撲向他，把它搶走。在周遭的冷漠裡，老人喃喃自語，嘶啞喘氣，然後死去。他的兒子搜尋他的身上，拿走整塊麵包，正打算吞到嘴裡。但他來不及吞。兩個人看到他，跳過去搶，其他人也一起撲上去。當人群散開後，我身旁出現兩具緊緊相連的屍體：一對父子。

那年我十六歲。

在我們的車廂裡，有位父親的友人卡茲。在布納時，他從事園丁的工作，偶爾送給我們綠色的蔬菜。他吃得比其他人稍好，比較挺得住集中營的折磨。因爲體格健壯，他被派爲車廂廂長。

旅途的第三個夜晚，我突然驚醒，感覺喉嚨上有一雙手想將我掐死，我只來得及呼叫：「父親！」

我只能叫出這兩個字，被勒得奄奄一息。父親清醒過來，緊緊抓住襲擊我的人，但太虛弱無法制服他，他叫卡茲幫忙：

「快，快來！有人想掐死我的兒子！」

不久，我脫離危險。我一直都不知道爲什麼這個人想掐死我。

但數天後，卡茲告訴父親：

「施羅摩，我好虛弱，我沒有力氣，我撐不下去了……」

「別放棄，」父親試著鼓勵他，「你要抵抗！別喪失自信！」但是卡茲只呻吟回應：

「我不行了，施羅摩！……我該怎麼辦？我撐不下去了……」

父親把他抱在懷裡，強而有力的男子漢卡茲，我們之中最壯碩的人，卻哭了起來。他的兒子在第一次淘汰競選時就被挑中送走，他直到如今才爲此事痛哭，直到這一刻他才崩潰。他再也承受不住，他已到盡頭。

最後一天旅程，狂風怒吼，大雪不止，我們感覺盡頭已近；眞正的盡頭。面對這寒風、這風暴，誰也無法再撐下去。

有人起身叫道：

「這種天氣千萬不能坐著啊，會活活冷死！站起來，活動一下……」

大家都站起來，將濕漉漉的毯子圍得更緊，強迫自己走動，原地轉圈。

忽然，車廂裡響起哀號，一如受創的野獸發出嚎叫。有人剛剛謝世。

感覺瀕臨死亡邊緣的其他人也跟著哀號，彷彿來自冥界的哀號。很快的，每個人都在喊叫、嗚咽、呻吟，悲痛的哭號捲入風雪中。

其他車廂也受到感染，數百人一齊咆哮，但不知道反抗誰，也不知道原因。終點就要來臨，整列車都是奄奄一息的聲音。每個人都會在此結束生命，所有的極限都已經超越。大家都失去力量，而黑夜依舊漫長。

卡茲呻吟著：

「他們爲何不把我們槍斃算了？」

當晚，我們抵達目的地。

已是深夜時分。警衛要我們下車，死人則留置車內。唯有站得起來的人能下車。

卡茲留在車裡。最後一天也最爲殘酷，我們車廂裡原本載著一百多人，但最後只有十二人離開，包括父親和我在內。

我們到達布肯瓦德（Buchenwald）。

LA NUIT

八

ＳＳ在集中營門口等待我們，清點人數後，我們走向廣場，所有的命令都透過擴音器下達：「排成一隊五人」、「一團一百個人」、「向前走五步」。

我握緊父親的手，充滿古老而熟悉的恐懼：別跟他分開。

在我們不遠處矗立著焚化爐高聳的煙囪，但它不再令我們恐懼，它甚至吸引不了我們的注意。

一位布肯瓦德的老囚告訴我們得先洗澡，然後分派牢房。洗熱水澡的念頭深深吸引我，父親則保持緘默，在我身旁沉重地呼吸。

「父親，」我說，「再過不久，我們就能睡覺，你就能躺下來休息了……」

他沒回答。我因為疲累不堪，未對他的沉默在意，一心只想盡快沖澡，然後上床。

不過，要到達蓮蓬頭下可不容易，數百名囚犯爭相洗澡，警衛也無法讓大家遵守秩序，他們到處揮打但效果不彰。有些囚犯毫無力氣跟人推擠，甚至無法站直身子，只好跌坐在雪地上。我的父親想依樣畫葫蘆，他呻吟道：

「我不行了……結束了……我要死在這裡……」

他把我朝小雪丘拉去，雪地上浮出許多人體及毯子碎片。

「別管我，」他求我，「我不行了……可憐我吧……讓我在這裡等，可以洗澡時，你再來叫我。」

我眞想哭。經歷如此眾多的苦難，現在，我能任父親死去？就在我們可以舒舒服服洗熱水澡並躺下時？

「父親！」我吼道，「父親！站起來！馬上！你會把自己害死……」

我抓住他的手，他繼續呻吟：

「別叫了，兒子……可憐你父親……讓我在這裡休息一下……一下就好……我求你……我好累……沒力了……」

他像個小孩：孱弱、膽怯、脆弱。

「父親，」我告訴他，「你不能待在這裡。」

我指出圍在他身旁的屍體：他們也曾想在此休息。

「我看到了，兒子，我看得很清楚。讓他們休息吧，他們很久沒閉上眼睛了。他們都累了……倦了……」

他的聲音很溫柔。

我在風中吼著：

「他們死了！他們再也不會醒過來！永遠也不會！你了解嗎？」

我們如此爭辯了好長一段時間，我覺得跟我說話的人並非父親，而是死亡本身：父親所選擇的死亡。

警笛開始鳴響。警報。整個集中營熄了燈，警衛把我們趕進牢房，短短一眨眼的時間，廣場空無人影。我們都因爲不需再待在外面吹冷風而高興。我們倒在地板上。大門邊有一鍋湯，但沒人想去吃。床鋪有好幾個，大家只想倒頭就睡。

我醒來時已日正當中。然後，我想起自己還有個父親。警報期間，我跟著人潮，沒顧到他。我明明知道他筋疲力盡，瀕臨死亡邊緣，我卻棄之不顧。

我開始尋找他的下落。

然而同一時間，我生出一個念頭：「但願我找不到他！如果我能擺脫這個重擔，就可以全力爲自己的生存奮鬥，只要把自己照顧好……」我馬上感到羞愧，爲生命、爲自己感到羞愧。

我找了數小時仍未找到他。後來，我來到一間牢房，他們正在發黑咖啡。大家排著長龍，吵鬧不休。

在我背後傳出一個哀怨、懇求的聲音：

「埃利澤……兒子……給我一點咖啡……」

我跑向他。

「父親！我找你找了好久……你在哪裡？睡過了嗎？覺得如何？」

他似乎發著高燒。我像頭猛獸一樣往咖啡壺的方向殺出一條路，帶回一杯咖啡，喝了一口後，把剩下的都給他。

我永遠也忘不了他飲下咖啡時眼裡的感激之情。受傷野獸的感激之情。透過這幾口熱咖啡，我帶給他的滿足可能遠大過我童年給他的……

他躺在地上，臉色蒼白，嘴巴毫無血色，全身打冷顫。但我已不能繼續待在他身邊，因爲我們被命令離開，讓牢房清洗，只有傷患才能留在原地。

我們在外面待了五個小時，並領到湯。當我們被允許進入牢房時，我急跑到父親身旁：

「你吃了嗎？」

「沒有。」

「爲什麼？」

「他們不給我們東西吃……他們說我們都是病人，遲早要死，給我們東西吃是糟蹋食物……我不行了……」

我把剩下的湯給他，但心裡卻很難受。我知道自己是心不甘情不願把湯讓給他。

跟艾里亞伍教士的兒子一樣，我也禁不住考驗。

他一天比一天虛弱，眼神朦朧，滿臉土色。我們抵達布肯瓦德的第三天時，每個人都得洗澡，包括病人在內，他們排在最後。

洗完澡後，我們仍待在外面良久，因為牢房的清洗工作尚未結束。

我遠遠望見父親，趕緊迎向他。他像個影子從我身旁經過，沒有停下腳步也不看我一眼，他經過我後，我追上他：

「父親，你要去哪裡？」

他看了我一會兒，眼神卻飄在遠方，好像變成另一個人。僅僅一會兒，他又走開了。

我的父親罹患痢疾，躺在床上，身旁還有五名病人。我坐在他身邊看顧他，雖然不指望他能逃過死神，但是我付出一切好讓他繼續保持希望。

他忽然從床鋪上坐起來，把滾燙的嘴唇湊近我的耳朵：

「埃利澤……我要告訴你我把黃金和錢埋在哪裡……在地窖……你知道……」

他說得越來越快，深怕沒有時間說完。我試著安慰他一切還沒結束，我們會一起回家，但他不想聽我的話。他無法再聽我說了。他已山窮水盡。一行帶血的唾液從口裡流出，他閉上眼，呼吸困難，只剩急促的喘氣。

我利用一份麵包交換到父親旁邊的床鋪。下午來了一名醫生，我告訴他父親病入膏肓。

「把他帶過來！」

我跟他解釋父親已站不起來，不過醫生一句話也聽不進去。我好不容易把父親帶過去，醫生定定看著他，然後嚴峻地問：

「你想怎樣？」

「我父親生病了，」我替父親答話，「……是痢疾……」

「痢疾？這不是我的專長，我是外科醫生，出去，把位子讓給別人！」

我連連抗議但沒有用。

「我撐不住了，兒子……帶我回房……」

我帶他回去，協助他躺下，他不停發抖。

「父親，盡量睡一下，試著入睡……」

他的呼吸阻塞不順，閉著雙眼，但我相信他看到一切。他看到事情的眞象。

又來了新的醫生，但父親不想起身，他知道一切只是枉然。

再說，這名醫生是爲結束病人的生命而來。我聽到他指著病人謾罵，說他們是賴在床上的懶惰鬼……我想抓住他的脖子把他勒死，但我不夠勇敢，也沒有力氣。我完全陷入父親的垂死痛苦裡，我的雙手緊握，痛得抽搐。我想掐死醫生和其他人！放火燒光全世界！殺死害父親的兇手！

但這些怒吼都哽在喉嚨裡。

當我從麵包配給處回來，父親哭得像個小孩子：

「兒子，他們打我！」

「誰打你？」我以為他開始妄想。

「有法國人……波蘭人……他們都打我……」

心上又多了一道傷痕，更多的恨，又一個不想活下去的理由。

「埃利澤……埃利澤……叫他們別打我……我又沒做什麼……他們為什麼打我？」

我開始咒罵他的鄰居，他們卻嘲笑我。我答應給他們麵包和湯，他們大笑，接著又變得憤怒，說忍受不了我的父親，因爲他不能走到外面大小便。

翌日，他抱怨麵包被人搶走。

「趁你睡覺時？」

「不，我睡不著，他們一起撲到我身上把麵包搶走，我的麵包……然後又打我……我受不了，兒子……給我一點水……」

我知道他不該喝水，但他苦苦哀求許久，我不得不讓步。水是他的毒藥，但是我還能爲他做什麼？有水還是沒有水，反正終會結束……

「至少你還可憐我……」

可憐他！我，是他的獨生子啊……

一個星期如斯過去。

「他是你父親？」獄長問我。

「是。」

「他病得很重。」

「醫生不想醫他。」

他看著我的眼睛：「醫生『沒法』醫他，你也一樣。」

他把毛茸茸的大手放在我肩上，又說：

「聽我的話，小子，別忘了你現在身在集中營。在這裡，人不為己天誅地滅，就算對父親都不能例外。在這裡，父親、手足、朋友都沒有意義。不管是生是死，只能想到自己。我給你一個良心的建議：別再把你的麵包和湯留給你老爸了，你是在自殺而已，你應該接收他的食物……」

我安靜聽他把話說完。在我的內心深處，我知道他是對的，但我不敢承認。現在要拯救你老爸已為時太晚，你大可吃兩份麵包、兩份湯……

這個想法雖然僅僅歷時不到一秒鐘，但我仍充滿罪惡感。我趕緊領湯，帶給父親喝，但他不想要湯，只想喝水……

「你不能喝水，喝點湯吧……」

「我好熱……爲什麼你對我這麼壞，兒子？……水……」

我給他水，然後離開牢房去廣場點名。但我又迅速回來，躺在父親床鋪的上鋪。傷患獲准留在原地，那我裝病好了，我不想離開父親。

現在四周陷入寂靜裡，偶爾出現幾聲呻吟。SS在牢房前發號施令，一名軍官從床前經過。父親苦苦哀求：

「兒子，水……我好熱……我的肚子……」

「安靜點。」軍官怒斥。

「埃利澤，」父親繼續哀求，「水……」

軍官走近他，吼著要他住嘴，但是父親聽不進他的話，他繼續叫我，軍官拿起棍子往他的頭重重敲了一下。

我一動也不動。我很害怕，我的身體害怕挨揍，怕下次就輪到我的頭。

父親又喘著氣，叫著我的名字：「埃利澤……」

我看到他抽抽噎噎喘息，但我靜止不動。

點名結束後我走下床，看到他顫抖的雙唇仍喃喃低語。我俯在他身邊超過一個鐘頭，凝視著他，想把他血跡斑斑的破碎臉孔烙印進心裡。

然後，我必須去睡了。我爬回上鋪時，父親仍有一絲氣息。那天是一九四五年一月二十八日。

我在一月二十九日的黎明醒來。父親的床已經躺著另一位病人。他們應該是在黎明前把父親送到焚化爐，當時他也許還在喘息……

他的墳上沒有禱詞，也沒人點燃燭火爲他哀悼。他的最後一句話是我的名字，他呼喚我，我卻沒有回答他。

我沒有哭，無法哭泣讓我很難受，但是我已經沒有淚水。在我心深處，如果我還能在自己軟弱的意識底層挖掘，或許找到的東西會是：終於自由！……

LA NUIT

九

我繼續待在布肯瓦德直到四月十一日。我不想提起這段歲月，它不重要，自父親死後，什麼也無法觸動我。

我被送到兒童牢房，裡面總共有六百人。

前線繼續逼近。

我整天無所事事，除了想吃以外，我不再想念父親，也不再想念母親。

有時，我會作夢。夢見的都是湯，夢見多喝一點湯。

四月五日，歷史之輪向前轉動了一圈。

午后已近尾聲，我們站在牢房裡，等候SS前來點名。他遲到了，布肯瓦德集中營前所未見的遲到。應該出事了。

兩個鐘頭後，擴音器傳來集中營營長的命令：所有的猶太人都到廣場上點名。

一切就要結束！希特勒就要實現諾言。

牢房裡的孩童都往廣場出發，我們不得不這麼做，因為獄長居斯塔夫用棍子逼迫我們就範……不過在途中，我們遇到許多囚犯輕聲告訴我們：「回去牢房，德國人是想槍斃你們。回去，乖乖待在牢房裡。」

我們走回牢房，在路上，我們得知集中營的地下反抗陣營決定不放棄猶太人，想阻止被屠殺。因為天色已晚又一片混亂，許多猶太人都裝成非猶太人混過去，營長於是決定明天另行總點名，屆時全體囚犯都得在場。

點名如期進行。營長宣布布肯瓦德集中營將要關閉，每天送走十棟牢房的囚犯，從今而後，不再分發麵包和湯。接著開始進行撤退，每天有數千名的囚犯走出營門，不再回來。

四月十日，還有大約兩萬多人留在集中營，包括數百名兒童。我們將被一次撤走，時間是在晚上，接著，他們將炸掉集中營。

我們聚集在龐大的廣場上，五人一排，等候大門打開。警報器突然大作，是空襲警報，我們得返回牢房。晚上撤退已太遲，必須延到翌日。

飢餓折磨著我們，我們將近六天沒吃東西了，只勉強塞點草莖和在廚房地板上找到的馬鈴薯皮。

翌日上午十時，ＳＳ在營裡擺好陣勢，開始將我們聚集在廣場上。

地下反抗組織決定付諸行動，集中營裡突然到處出現荷槍持械的人。一陣掃射，手榴彈爆破。我們孩童都趴在牢房的地上。

戰事並未持續太久。接近中午時，一切恢復平靜，ＳＳ逃之夭夭，地下反抗組織接管集中營。

下午大約六時，第一部美軍坦克車駛入布肯瓦德集中營。

我們重為自由人的第一個動作是撲向食物。我們只想吃，不想復仇雪恨，也沒想到父母雙親。只想著麵包。

即使我們已經塡飽肚皮，還是沒想要報仇。次日，一些年輕人到威瑪找馬鈴薯和衣物，同時跟女人上床。仍然一點復仇跡象都沒有。

布肯瓦德集中營被解放三天後，我生了一場大病：中毒。我被送到醫院，生死未卜過了兩個星期。

有一天，我費盡全身力氣終於能夠起床。我想去照對面牆上的鏡子，自從進入猶太特區後，我再也沒看過自己的長相。

鏡子深處，有個僵屍凝視著我。
他的目光落在我的眼睛裡，再也離不開我。

英文新譯本作者序

如果我終其一生只寫一本書，這本書該會是《夜》。正如現在依然盤旋著過去的回憶，我在《夜》之後所寫的作品，包括與聖經、《猶太法典》有關或是以哈西迪為主題的，都深受它的影響，而且，如果未閱讀過我這本處女作，勢將難以了解其他作品。

為什麼寫這本書？

我寫這本書是為了不想變成瘋子呢？還是恰恰相反是為了變成瘋子，好了解這個突然出現在歷史裡、在人類良知面前，浩大而恐怖的瘋狂本質？是為了留下文字與記憶，避免歷史重蹈覆轍嗎？或只是想為我年少時期所承受的磨難留下記錄？通常這種年紀對死亡與罪惡的了解，應僅限於文學作品裡。

有人告訴我，我是為了寫下這些文字而存活下來。我卻不這麼認為。當時的我並不知道自己如何能夠活下來；我是那麼虛弱，也相當膽怯，從未爲了生存做任何努力。奇蹟？絕對不是。如果上蒼能夠或願意爲我降下神蹟，又爲何不爲其他比我更需要的人創造奇蹟？一切純屬幸運罷了。不過，既然活了下來，我就該爲我的存活賦予某些意義。所以我是爲了保存這個意義才把這段經驗書寫出來，儘管在此經驗裡，任何事物都失去意義？

在追憶往事的過程裡，我必須承認自己並不知道、或是不再知道想透過這些文字實現什麼。我只知道，如果沒有這些證言，我的作家生命——或者，我全部的生命——必將截然不同，不會是一個相信自己身負道德責任的證人，試圖阻止敵人在人類的記憶裡抹煞犯下的罪行，嘗到最後的勝利滋味。

而今天，感謝最新發現的資料，證實了德國納粹黨在握權初期便著手建立不留給猶太人餘地的社會。而在統治末期，他們改變目標，決定毀滅世界，湮滅猶太人任何可能存在的痕跡。這也是爲什麼納粹特別行動隊（Einsatzgruppen）在俄羅斯、烏克蘭、立陶宛進行最後解決方案（Final Solution），持機關槍掃射超過一百多萬人的猶太男女老少，將他們扔到龐大的集體墓穴裡，而墓穴竟還是這些受害人自己剛剛親手掘好的。然後特別行動隊又挖出這些屍體並焚化，因此造成了史上首度有猶太人被重複殺害兩次，而且死無葬身之地的事件。

顯然，希特勒及其共犯所發動的戰爭，不僅是要消滅猶太男女幼童，也要消滅猶太教、猶太文化、猶太傳統，亦即猶太的記憶。

我深信這段歷史總有一天會被審判，因此我知道自己應該提出見證。同時，我也知道自己雖有許多話要說，但是找不到適當的字詞來表達；我雖洞悉這種局限並且深感苦楚，卻只能無力看著語言變成一種障礙。顯然我必須創造新語言，但是該如何恢復與改造已經遭受敵人背叛與敗壞的文字？飢—渴—害怕—運輸—選擇—火—煙囪：這些字原本各具意義，不過在那段時期裡，卻都產生了別的意思。我以母語——當時它已幾乎滅亡——寫作時，常得搜索枯腸，在每一句話前打住，然後不斷重新開始。我會想出其他動詞、其他影像、其他沉默的吶喊。但「它」還是無法被描寫得淋漓盡致；不過「它」是什麼？「它」是某種模糊不清的東西，因爲害怕被侵犯、被褻瀆而掩藏在陰暗處。字

典所能提供的字彙都顯得貧乏、蒼白並缺乏生命力。是否有一種方式可以描寫那段搭乘密封牲畜車廂的最後之旅，那段走向未知的最後之旅？或是發現天寒地凍的荒唐世界，在那裡，非人性才是人性，有紀律而受過教育的人身著制服前來殺戮，純眞的孩子與疲憊的老人則前來受死？或是在火紅夜裡無以計數的分別，家破人亡，乃至整個猶太社區支離破碎？或是，擁有一頭金髮和悲傷的笑容、美麗又有教養的猶太小女孩，抵達當晚便與母親一同被殺害？提及他們時，教人如何不顫抖，心如何不破碎難全？

於是，證人內心深處打從那時就明瞭，今天也依然清楚，他的見證將無法被接受。畢竟，這些見證與人類最黑暗的一面有關，只有經歷過奧許維茲劫難者才能了解箇中意義，而其他的人將永遠無法知道。

但是，他們是否至少願意了解？

那些視救濟弱者、醫療傷殘、保護幼小、敬老尊賢爲天經地義的男男女女，能夠了解發生什麼事嗎？他們能夠了解，在那個被詛咒的世界裡，主宰者如何折磨弱者以及屠殺幼童、病老嗎？

然而，凡經歷過這場浩劫者，無論說出來有多困難，無人能夠保持緘默。

只要可能，必須說出來。

於是我堅持到底。我相信沉默可以包裝並且超越文字，也知道波克瑙任何一處灰燼都比所有對波克瑙的見證更加沉重。因此，儘管我企圖說出無以描述的事，但「它」還是無法被描寫得淋漓盡致。

難道這就是爲什麼這本書——最初以意第緒語寫成，名爲「而世界依然緘默」，首先譯成法文、其次英文——一再被法國和美國的知名出版社退稿嗎？儘管有偉大的法國作家、天主教徒、諾貝爾文學獎得主弗杭思瓦．莫里亞克不辭辛勞的推薦，也一樣被退稿？經過他數月的親自走訪、書信往來與電話聯繫，此書才終於付梓。

雖然我曾數度刪減，意第緒語原版的篇幅依然很長。小而美的「子夜出版社」的傳奇社長傑侯門．林登（Jérôme Lindon）在出版法文本時又做了刪改。我接受他的決定，因爲我擔心有些描寫顯得多餘，寧願量少質精。我害怕說得太多甚於說得太少。

比如說，在意第緒語版本中，全文由諷刺性的冥想開場：

一開始，我們有稚氣的信仰、空洞的信心，以及危險的幻影。我們相信上帝，信賴人類，活在幻影裡，以為每個人都充滿神聖的臨在的光輝，眼睛和靈魂映耀著上帝的形象。

我們磨難的泉源、甚至原因即在此。

意第緒語原版對我父親的死亡與戰後解放的過程有較多著墨，爲何不在新版英譯本還原這些部分？也許因爲內容過於個人與私密，它們需要藏在字裡行間。不過，

我記得那個夜晚，那個我這一生中最恐怖的夜晚：「……埃利澤，我的兒子，過來……我想告訴你一些話……只對你說……來，別把我丟下不管……埃利澤……」

我聽見他的聲音，了解他話裡的含意，也領會這一刻的悲慟，然而，我依然一動也不動。

這是他最後的期許，希望我在他臨終時，當他的靈魂從他早已撕成碎片的

身體扯裂下來時，待在他身邊。然而，我並未如他所願。

我害怕。

害怕被挨打。

因此我對他的叫喊充耳不聞。

我沒有犧牲我卑微的性命，衝到他身旁，執起他的手，要他安心，告訴他他並未被我遺棄，我就在他身邊，我感覺到他的悲傷；我什麼都沒做，只是依然躺著，懇求上帝別再讓父親叫喚我的名字，別讓他再吶喊。我多麼害怕觸怒SS。

事實上，我的父親已經失去意識。

然而他嗚咽、嘶啞的聲音繼續劃破寧靜，叫喚著我，不是別人而是我。

「嗄？」SS一怒之下，往父親的頭顱狠狠擊落：「安靜，老頭子！安靜！」父親已感覺不到棍子的撞擊，我卻不然。然而，我還是毫無反應，我任SS毆打父親，我任他垂死掙扎。更糟的是，我甚至氣他吵鬧、任意高聲叫喊，引起SS的憤怒。

「埃利澤！埃利澤！過來，別留下我一人……」他的聲音似乎穿越千里，又像近在咫尺。但是我依然紋風不動。
我永遠也無法原諒自己。
我也無法原諒全世界，無法原諒它把我逼到牆角，無法原諒它把我變成陌生人，無法原諒它喚醒我最底層也最原始的本能。
他最後的話是我的名字。一聲傳喚。但我沒答腔。

在意第緒語版，全文並非以鏡中的影像作結，而是對現在陰鬱的沉思：

而今，距布肯瓦德事件已有十年，我發現世人遺忘得很快。今天，德國是個主權國家，德軍經過重建，布肯瓦德的狂魔柯馳（Ilse Koch）含飴弄孫，過著幸福的日子……戰犯於漢堡和慕尼黑街頭散步。過去種種似乎都被遺忘，消失無形。
今天，在德國、法國、甚至美國都出現了反猶太的人，他們召告世人，六百萬猶太人大屠殺的「故事」都是幌子。許多不太了解真相的人，遲早可能相信他們，不是在今天、就是明天、後天……

我還不至於天真到相信這本小書可以改變歷史的軌跡或是搖醒世人的意識。書本不再具有昔日的力量。

昨日沉默之人明日依然沉默。

讀者大可發出疑惑：既然四十五年前已經有譯本，爲何重新出版新譯本？如果它不夠忠於原文或是品質不佳，爲何等了那麼久才出版更好且更貼近原文的版本來取代？

我的回答是，當時的我只是剛起步的無名作家，英文也欠佳，當英國出版商告訴我找到譯者時，我很高興。稍後我讀過譯本，覺得不錯，但是未再重讀。後來，我的許多作品都由內人馬麗雍翻譯，她熟悉我的語氣，比任何人都譯得好。我很幸運：當法拉、史特勞斯與吉盧出版社（Farrar, Straus and Giroux）請她翻譯《夜》時，她接受了。我相信讀者會喜歡她的譯作，事實上，因爲她嚴謹的編輯，我得以修改與校正許多重要細節。

1 譯注：大屠殺的原文爲Holocaust，原是宗教語，意指以火焚燒雄性牲畜以爲獻祭。

也因此，當我重新閱讀這本寫於許多年前的書時，我很慶幸自己沒有拖延更久。不過，我依然懷疑：我是否用對了字眼呢？我提及在那邊度過的初夜；發現鐵絲網內的眞相；「資深」囚犯教父親和我謊報歲數：父親得更年輕些，我則該年長一點；淘汰挑選；人們排隊走向冷漠天空下、隱約出現在遠方的煙囪；嬰兒被扔到燃燒的溝渠裡……我並未寫道他們還活著，但我確實這麼想。不過，我又說服自己：不，他們都死了，不然我一定早就失去理智。然而許多囚犯也都看到這一幕：嬰兒被拋到火海裡時還活著。許多歷史學家像是泰福・泰勒（Telford Taylor）也證實過這點。而我不知爲何終究沒有失去理智。

爲這篇序言做結論之前，我想要強調的是，我深深覺得書籍像人一樣擁有命運，有些教人憂傷，有些讓人喜悅，有些令人悲喜交集。

前文裡，我描述了《夜》於四十七年前在法國出版時所遭遇的困難。儘管深獲媒體好評，但銷售不佳，主題晦澀引不起讀者的興趣。如果有猶太教士在布道時提及此書，總有人埋怨「讓我們的孩子繼續背負猶太過去的悲劇」沒什麼意義。

自此之後，世事多變，《夜》出乎我意料廣爲世人接受。今天，《夜》已是美國和其他國家的高中生與大學生的必讀教材。

該如何詮釋這種現象？首先，公眾態度產生巨大變化。在一九五〇、六〇年代期間，出生於二次世界大戰之前或期間的成人，對「大屠殺」（這說法其實不太恰當）[1]表現出漫不經心與高傲的冷漠態度，但這股現象已成過往雲煙。

當時，只有少數出版商有勇氣發行這類題材的書籍。

今天，出版目錄上經常出現這類作品，同樣的現象也發生在學院裡。過去只有少數學校提供這類課程，今天卻不然，而且奇怪的是，特別受學生歡迎。奧許維茲的題材變成文化主流，一時間造就許多電影、戲劇、小說、國際會議、展覽以及國家政府首長也來恭逢的年度大會等等。最驚人的例子首推美國華府的猶太大屠殺紀念館，自一九九三年建館以來，參觀人次已超過兩千兩百萬。

這個現象也許起因於，大眾知道劫後餘生的人數每天遞減，同時也很想分享即將消失的記憶。畢竟，一切都和記憶有關，包括它的泉源、它的龐大以及它的結果。

對於選擇見證的存活者而言，顯然的，他有責任去爲死者也爲活者做見證；他沒有權利不讓未來世代了解過往，那段屬於我們集體記憶的過往。遺忘不僅危險，也構成了侵犯；遺忘死者，猶如第二度殘殺他們。

有時候我被問及是否知道「如何回應奧許維茲悲劇」，我回答我不僅不知道如何回應，甚至不知道如此浩大的悲劇是否存在某種回應。我只知道在責任裡可以找到「回應」。當我們提及這段邪惡黑暗、既迫近又遙遠的年代時，「責任」便是那個關鍵字。

證人強迫自己做見證，是爲了今天的年輕人，也爲了明日即將誕生的孩子。他不想讓自己的過去變成他們的未來。

E.
W.

左岸人物　149

夜 納粹集中營回憶錄

LA NUIT

作　　者　埃利・維瑟爾（Elie Wiesel）
譯　　者　陳蓁美
總 編 輯　黃秀如
特約編輯　林巧玲

社　　長　郭重興
發行人暨出版總監　曾大福
出　　版　左岸文化／遠足文化事業股份有限公司
發　　行　遠足文化事業股份有限公司
231 新北市新店區民權路108-2號9樓
電　　話　(02)2218-1417
傳　　眞　(02)2218-8057
客服專線　0800-221-029
E-Mail　service@bookrep.com.tw
網　　站　www.facebook.com/RiveGauchePublishingHouse
法律顧問　華洋國際專利商標事務所　蘇文生律師
印　　刷　成陽印刷股份有限公司
二版首刷　2011年1月
二版13刷　2022年10月
定　　價　220元
I S B N　978-986-6723-48-3

夜：納粹集中營回憶錄／埃利・維瑟爾（Elie Wiesel）著；陳蓁美譯.——再版.——臺北縣新店市；左岸文化出版；遠足文化發行，2011.01——（左岸人物；149）
譯自：La Nuit
ISBN 978-986-6723-48-3(平裝)

1. 維瑟爾（Wiesel, Elie, 1928-）2. 納粹 3.回憶錄
712.84 99025561